身になる練習法

卓球 宮﨑義仁式
最先端ドリル

著 宮﨑義仁 日本卓球協会 強化本部長
元日本代表男子監督

INTRODUCTION
はじめに

　近年、卓球界では使用球の素材変更という変化がありました。ボールの素材が、これまで使用されていたセルロイドからプラスチックへと変わったのです。2016年に行われたリオデジャネイロ五輪はもちろん、日本国内では全日本選手権でも2015年大会からプラスチックボールが採用されています。

　この変化によって、従来よりも「大きいスイングをする」「ボールにぶつけるように打つ」など、これまでの卓球とは打ち方や考え方が、少しずつ変わってきています。そのことをまず知ってもらいたいと思い、今回は書籍という形でまとめることになりました。ただし、従来の卓球の基本については、ほぼ変わること

がありませんから、本書でも自分に足りない部分や伸ばしたいところなどについて、いろいろなページをめくって参考にしていただけたら、ありがたいと思います。

本書では第１章でプラスチックボールに対する考え方や、技術を紹介しています。それは、第２章以降で紹介している練習を行う際にも共通して言えることです。まず、第１章を読んでいただき、その考え方や技術を理解されたうえで、その後の練習メニューに取り組んでいただけたらと思います。

この本を手に取った選手や指導者の方たちが、大いに上達されますよう、少しでもお役に立つことができたら幸いです。

宮﨑義仁

CONTENTS
目次

2 ── はじめに　　8 ── 本書の使い方

第1章　プラスチックボール対策

- 10 ── プラスチックボールの導入による変化
- 12 ── Menu001　フォアハンドを大きく振る
- 14 ── 連続写真でプラスチックボールに対応したドライブを学ぶ
- 16 ── Menu002　ストップの強化と対応
- 18 ── Menu003　フォア強打からの連続攻撃
- 20 ── Column　小学生の選手＆指導者へ

第2章　基本ショットを身につける

- 22 ── 連続写真で基本のフォアハンドを学ぶ
- 24 ── 連続写真で基本のバックハンドを学ぶ
- 26 ── 連続写真でツッツキを学ぶ
- 28 ── Menu004　フォアハンドを続ける
- 30 ── Menu005　フォアハンドで強弱をつける
- 32 ── Menu006　バックハンドを続ける
- 34 ── Menu007　バックハンドとブロック
- 36 ── Menu008　ツッツキを続ける
- 38 ── Column　中学生の選手＆指導者へ

第3章　フットワークを身につける

- 40 ── 連続写真で左右の小さいフットワークを学ぶ
- 42 ── 連続写真でフォア側への大きいフットワークを学ぶ
- 44 ── 連続写真で1コースの切り返しを学ぶ
- 46 ── Menu009　1球で左右（フォア）
- 47 ── Menu010　1球で前後（フォア）

48	Menu011	規則的な多球練習
49	Menu012	不規則な多球練習
50	Menu013	規則的な展開からランダムへ
51	Menu014	切り返し左右
52	Menu015	切り返し1本、2本
54	Menu016	多球練習パターン
56	Column	高校生の選手へ

第4章 応用技術でより実戦的に

58		連続写真でスマッシュを学ぶ
60		連続写真でドライブを学ぶ
62	Menu017	スマッシュ多球練習
64	Menu018	ドライブ多球練習①
66	Menu019	ドライブ多球練習②
68	Menu020	ドライブ+スマッシュ
70		連続写真でブロックを学ぶ
72		連続写真でストップを学ぶ
74	Menu021	2対1ブロック
76	Menu022	カットブロック&ナックルブロック
78	Menu023	ストップ対ストップ
80		連続写真でカーブドライブを学ぶ
82		連続写真でシュートドライブを学ぶ
84	Menu024	コートから離れてドライブ
85	Menu025	シュート&カーブドライブ多球練習
86		連続写真でチキータを学ぶ
88		連続写真でロビング(フィッシング)を学ぶ
90	Menu026	チキータ多球練習
92		連続写真でサーブを学ぶ
98	Menu027	いろいろなサーブ練習

| 100 | Menu028 | 巻き込み、バック、投げ上げ、しゃがみ込みサーブ |
| 102 | Column | 規則正しい生活がメンタルを強くする |

第5章 戦術への理解を深める

104	Menu029	下回転サーブからの攻撃
106	Menu030	横回転サーブからの攻撃
108	Menu031	ナックルサーブからの攻撃
110	Menu032	ハーフロングサーブからのカウンター
112	Menu033	ロングサーブからの攻撃
114	Menu034	ストップからの攻撃
116	Menu035	フリックからの攻撃
118	Menu036	相手に打たせてから攻撃に転じる
120	Menu037	横を擦るブロック
122	Menu038	相手のミスを誘うブロック
124	Menu039	チキータからの攻撃
128	Menu040	カーブドライブで崩す
130	Menu041	フィッシングから攻撃に転換
132	Menu042	バック前から台上スマッシュ
134	Menu043	フォア前からフリック
135	Menu044	ストップに対するカウンター
136	Menu045	相手の3球目攻撃をカウンター
138	Menu046	相手の4球目攻撃をカウンター
140	Menu047	得意パターンを作る多球練習
142	Column	適した用具を使えば実力が上がる

第6章 カットマン対策を身につける

| 144 | | 連続写真でカットを学ぶ |
| 146 | | 連続写真でカット打ちを学ぶ |

148	Menu048	カットをツッツキで返球
150	Menu049	ドライブからのスマッシュ攻撃
152	Menu050	カットマンに対するミドル攻撃
153	Menu051	チャンスボールをストップで返球
154	Menu052	短いサーブからの３球目攻撃

第7章 卓球に必要な動きとフィジカル

156	Menu053	台まわりトレーニング
158	Menu054	後ろにフェンスを置いた多球練習
159	Menu055	前にフェンスを置いた多球練習
160	Menu056	チューブトレーニング
162	Menu057	サイドステップから打球
163	Menu058	台を２つ使った多球練習
164	Column	リオ五輪で感じたプレースタイルの変化

第8章 練習メニューの組み立て方

166		３年間を通して長期的に考える
167	1年目①	基本技術の習得に時間を費やす
168	1年目②	基礎を身につけながら回転を知る
169	2年目	試合に出て卓球の経験値を上げる
170	3年目	試合の経験を戦術につなげる
171	1カ月	目標回数をやり抜く
172	1日	最後に充実感を持って終わらせる
173	Column	卓球における「ジュニア育成の大切さ」と「日本の可能性」

| 174 | | おわりに |

本書の使い方

本書では、写真や図、アイコンなどを用いて、一つひとつのメニューを具体的に、よりわかりやすく説明しています。やり方やコート図を見るだけでも、すぐに練習をはじめられますが、ポイント解説やアドバイスを読むことで、練習への理解を深めてより効果的な練習にすることができます。

右利きをモデルにしています。左利きの人は左右を入れ替えて行いましょう。

▶ 身につく技能が一目瞭然

卓球に必要な6つの技能のうち、練習で身につけられる技能と難易度を表示。自分に適したメニューを見つけて、練習に取り組んでみましょう。

▶ なぜこの練習が必要か

図を使って練習のやり方を解説しつつ、この練習が必要な理由、実戦にどう生きてくるのかを簡潔に伝えています。

本書の構成と特長

▼「プラスチックボール対策」「基本ショット」「フットワーク」「応用技術」「戦術」「カット対策」「トレーニング」と、プレーのレベルアップに欠かせないテーマを章ごとに設けて、テーマに沿った内容の練習メニューや技術を紹介しています。なかにはナショナルチームで行われている練習もあるので、初心者から上級者まで読み応えのある内容となっています。▼基本的には難易度の簡単なものから順に並べていますが、自分に適したメニューから取り組んでみてください。第8章「練習メニューの組み立て方」は、計画的な練習に役立ちます。▼どの練習でも、第1章の「プラスチックボール対策」の内容を考慮したうえで、練習メニューに取り組んでみてください。現在に適した卓球を覚えるのに役立ちます。

第1章
プラスチックボール対策

ボールの素材がプラスチックへと変わり、
技術や戦術にも変化がでてきました。
そこで、プラスチックボールに対応するためのポイントを紹介します。
本書の前提ともなっているので、チェックしてみてください。

プラスチックボールの導入による変化

　卓球のボールは2000年に直径が38ミリから40ミリへと変更になり、打球時のスピードが遅くなりました。このルール改正は、ラリーの回数を増加させて見応えのあるラリーを展開することによって、より観ている人が楽しめるようにすることなどが目的でした。そして2015年に、ボールの素材が従来のセルロイドからプラスチックへと変更されたことによって、打球時のスピードはさらに遅くなる傾向にあり回転もかかりづらくなっています。（※材質の変更はセルロイドが発火しやすい素材であったことから、危険性などを考慮したためであり、プレーへの影響を考えたものではない）

　プラスチックボールになったことで、より返球が楽になり、ラリーがさらに続くようになりました。その結果、現在の卓球では例えばドライブでも、スピードを出せるようにフラットに近い面の当て方でボールを打つようになり、チャンスの場面ではできるだけ威力のあるフォアハンドで対応するケースが増えています。また、そのフォアハンドについて、世界のトップ選手がコンパクトなスイングではなく、バックスイングを大きくした打ち方をする傾向にあります。戦術面では、返球が楽になったのですから、攻撃するほうは一度攻めはじめたら、攻め続けるプレーが世界基準になっています。

　このように、ボールの材質が変わったことで、技術や戦術にも変化が出はじめています。今回はその変化に対応するためのテクニックを紹介していきましょう。この第1章で紹介する内容を踏まえたうえで、第2章以降も読んでいただければと思います。

プラスチックボール対策

プラスチックボールに対応した大きなスイング

ねらい

Menu 001 フォアハンドを大きく振る

難易度 ★☆☆☆☆
回数 5分×1セット

習得できる技能
▶ 基本技術
▶ 攻撃力
▶ 守備力
▶ 戦術
▶ フットワーク
▶ テクニック

やり方

パートナーは練習者のミドル前に下回転サーブを出し、練習者はバック側にツッツキで返球。パートナーがツッツキでバック側に返してきたところを、回り込んでフォアハンドを大きなスイングからストレートに打つ。

練習者　❷ツッツキ
　　　　❹フォアハンド
パートナー　❶下回転サーブ
　　　　　　❸ツッツキ

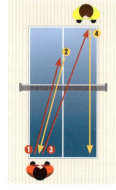

なぜ必要?

プラスチックボール必須技術

打球にスピードが出にくいプラスチックボールでは、フォアハンドを大きなスイングから打つことは必要不可欠。大きく振る習慣をつけよう。

！ポイント　相手に背中を見せるくらい大きく

左肩を内側に入れて相手に背中を見せるくらいの意識でバックスイングを取ると、大きなスイングのフォアハンドになる。

●フォアドライブ

Point!
バックスイングは相手に背中を見せるくらい大きく

肩を入れて大きなスイングで打つ

宮崎義仁のアドバイス

ボールがプラスチックボールに変わって、打球のスピードが出にくくなっています。そのため、大きいスイングでなければボールが飛びません（スピードが出ない）。打球に威力を出すためには、バックスイング時に左肩を内側に入れて、相手に背中を見せるくらい大きなスイングを心がけましょう。これまではあまり肩を入れて打つ人はいませんでしたが、プラスチックボールになってからのフォアハンドは、大きなスイングから打つ習慣をつけることが必要になってきます。

プラスチックボール対策

連続写真でプラスチックボールに対応したドライブを学ぶ

プラスチックボールに必要な打ち方は大きなスイングだけではない。
ドライブなどの場面で、ほかにも打ち方が変わってきているので学んでいこう。

横から

フォアドライブ

Point! バック側にきた球に対して素早く回り込む

Point! 肩を内側に入れて、相手に背中を見せるくらい大きくバックスイング

正面から

ラケットを起こしてぶつけるように打つ

宮﨑義仁の アドバイス

従来のフォアドライブでは、インパクト時にラケットを寝かせるようにして、ボールの上を擦って回転をかけていました。以前ならそれでも十分な威力があったのですが、プラスチックボールはあまりスピードが出ません。そこで打球に威力を出すために、大きなスイングからラケットを起こした状態でボールに強くぶつけ、ラバーに食い込ませて弾くように打つことで回転をかけるようになっています。まずは大きなスイングからフラットに当てることを心がけてください。

Point! ラケットを寝かせすぎず、床に垂直に近い状態でインパクト

Point! 大きなスイングから強く弾くことで回転をかけていく

！ポイント

フルスイングで回転をかける

ドライブであればラケットを寝かせた従来の打ち方のほうが、回転はかかりやすく打球も安定しやすい。しかし、打球にスピードが出ないために相手も余裕を持って対処できる。下写真のように、フルスイングからラケットを立てて回転をかけられるようにしよう。

プラスチックボール対策

戦術の変化に対応する
ねらい

Menu **002** ストップの強化と対応

難易度 ★★★☆☆
回数 5分×1セット

習得できる技能
▶ 基本技術
▶ 攻撃力
▶ 守備力
▶ 戦術
▶ フットワーク
▶ テクニック

やり方
練習者とパートナーがお互いにフォア前へのストップを繰り返し、パートナーのストップが浮いたら練習者はフリックか台上ドライブを打つ。

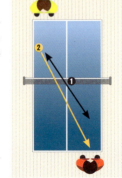

練習者 ❷フリック or 台上ドライブ
練習者&パートナー ❶ストップ

❓ なぜ必要？

ストップ技術の向上が必須

プラスチックボールが導入され、ストップ対ストップの展開が増えつつあるため、ストップを強化し、ストップへの攻撃方法も身につけよう。

⚠ ポイント　チャンス時の台上技術の向上が必要

ストップ対ストップが多くなってくると、大事になるのが浮いた球に対しての台上技術。相手が打ったストップが少しでも浮けば、積極的に台上ドライブやフリックで攻撃していく必要がある。しかし、少し高いが短い球に対しての台上技術は、ネットミスをしやすい。また、バックスイングを下に引くとスイング時にラケットや手が台に当たってしまうので、**ラケットを台よりも下に下げないようにして、平行にスイングしていく技術**を身につけよう。

台上ドライブ（フリック）

Point! バックスイングではラケットを台よりも下げない

Point! ボールを叩きつけるのではなく、ラケットを平行に前へとスイングしていくイメージ

Point! 少し上に向けて下から上に払うようにフォロースルーを取ることで、前進回転をかける

チキータの使用率が減少

宮﨑義仁の **アドバイス**

プラスチックボールの特性として打球時のスピードが出にくく、回転もかかりづらい。その影響で、**回転量が多くスピードのある打球であったチキータの使われる回数が減ってきている**ことが戦術面での変化です。それによってストップ対ストップの展開が増えているため、ストップの技術の向上は大切です。ただし、プラスチックボール自体の研究は今も進んでいますから、今後、打球スピードの出やすいボールが出てくる可能性もあります。そのときは、再び戦術の中にチキータが増えてくることがあるかもしれません。

プラスチックボール対策

ねらい 戦う位置を前にする

難易度 ★★★★☆
回数 10分×1セット

習得できる技能
▶ 基本技術
▶ 攻撃力
▶ 守備力
▶ 戦術
▶ フットワーク
▶ テクニック

Menu 003 フォア強打からの連続攻撃

コート後方からフォアクロスに強打

素早く前に詰める

バックハンドで強打し攻撃を続ける

やり方

台から離れてフォアクロスのラリーを行った後、練習者がフォアクロスへ強打し、パートナーはバック側に返球。練習者は素早く前に詰めてバックハンドで強打する。

練習者&パートナー ❶フォアクロスのラリー
パートナー ❸フォアハンドで返球
練習者 ❷フォアハンドで強打
❹バックハンドで強打

？ なぜ必要？

プラスチックボールは飛びにくい

現在の飛びにくいプラスチックボールでは、後方から強打した後に相手が守った場合を想定して、素早く前に詰める動きが重要になる。

⚠ ポイント 強打した後、素早く前へ詰める

強打で受けに回った相手に対して、下がった位置のままでは落ちた打点からしか返球できず、連続して攻撃することができない。フォアクロスに強打した場合、ほとんどがバック側へと返球されるため、素早くバック前へと詰めて、打点を落とさずに打って連続して攻撃できるようにしよう。

台から下がった位置でフォアクロスに強打する

Point!
バック前に返球されることを予測して同足を使ったフットワーク(第3章参照)で素早くバック前へと詰めていく

Point!
打点を落とさずバッククロスに打って連続して攻撃する

飛ばないボールに対応する

宮﨑義仁の アドバイス

通常は、台から50センチ程度離れてプレーをしますが、男子選手は特に展開の中で急に後ろに下がってラリーをすることがあります。そこから強打した場合、現在のプラスチックボールがあまり飛ばないこともあり、相手が守りに入ると短く返ってくるケースが多い。そこで素早く前に詰めて連続攻撃をすることが、プラスチックボールに対応した動きになってくるでしょう。また、通常のポジションにおいても、飛びにくいボールに対応するために、5センチや10センチ程度は前に出て、打点を落とさないで打つことも考えてください。

column

小学生の選手＆指導者へ
卓球場は普段とは違う場所

　小学生で卓球をはじめた子に対して、遊びながらやらせて卓球を好きになってもらうという指導方法があります。しかし、私はスポーツをやる場合はそれでは強くならないと思っています。

　まず、卓球場に入る前にはきちんと靴を並べて、挨拶もしっかりする。自分の家とは違う場所なのだと、少しの緊張感を持たせることが大事ではないでしょうか。そして、コーチの言うことをしっかりと聞き、相手をしてもらう前には「お願いします」、終わったら「ありがとうございました」と言えること。そうした卓球以外の人としての基礎作りも小学生のうちは大事だと思います。

　また、選手間に明確なルールのもとで差をつけて、競争意識を持たせることも大切です。例えば、クラブ内に10人の選手がいていくつかのグループに分ける場合、あなたは100球続けてラリーができるから上のクラスだとか、全員でリーグ戦をやって勝ったら上のクラスに上がれるなど、選手間で差をつけることは当然です。だからこそ選手の中に悔しさが生まれてくる。競争なしに楽しく遊ぶ場所になってしまえば、それ以上は望めません。厳しさの中でこそ試合に勝った喜びというものは大きくなるでしょう。また、厳しさの中に楽しさも生まれてくると思っています。

第2章
基本ショットを身につける

この章では、卓球の基本となる技術と習得のためのメニューを紹介します。
初心者は練習メニューにしっかりと取り組んで、
基本をマスターしながら技術を向上させていきましょう。

基本ショットを身につける
連続写真で基本のフォアハンドを学ぶ

卓球の技術の中でも基本中の基本となるフォアハンド。
初心者にとっては打球感覚を養うための大切な技術だ。

横から

Point!
相手の打球のタイミングやボールのスピードに合わせてリズムよくテークバック

正面から

リズムを大切にして体の前で打つ

宮崎義仁の**アドバイス**

フォアハンドのポイントは2つ。後に紹介するフォアドライブは体の横で打つのですが、そのイメージが強くて打点が下がりがちです。ドライブよりも20センチ程度前でボールをとらえ、自分の顔の前にラケットが出てくるイメージで打ってください。

また、テークバックからフォロースルーまでをコンパクトにして、リズムよく繰り返せるように打つことも大切。試合の中でこのような打ち方をすることはありませんが、打球感覚を養うためには必要な技術です。

Point! コンパクトなスイングを意識して、テークバックを大きく取りすぎない

Point! 体の真横よりも少し前でボールを打つことを心がける

Point! フォロースルーではラケットが顔の前にくるイメージ

基本ショットを身につける

連続写真で基本のバックハンドを学ぶ

試合でも使われることがあるほか、上達すればドライブやチキータへと発展していく基本のバックハンドを紹介しよう。

横から

Point!
ヒジを上げ、ラケットを寝かせるようにして、手前に引いてバックスイング

Point!
ヒジを中心にスイング。ラケットを奥へ押し出すようにしてインパクト

正面から

ヒジの上がる選手はバックハンドが上手

宮﨑義仁の **アドバイス**

バックハンドの最大のポイントはヒジを上げること。ヒジが下がっていると強い打球が打てません。また、ドライブやチキータといった応用技術はヒジを上げた状態で打つショットなので、基本のバックハンドからヒジを上げる習慣をつけていきましょう。

初心者、特に小学生などの子どもは5本、10本とヒジを上げてバックハンドを続けて打っていると、肩が痛くなることがありますが、指導者がフォアハンドをメニューに組み込むなどで対処してあげてください。

Point!
フォロースルーで手首を返しながら、打球に前進回転をかける

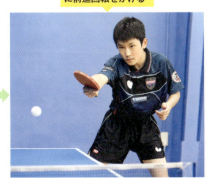

● バックドライブ

▲バックドライブのインパクトの直前。ヒジが上がっているのがわかる

● チキータ

▲難易度の高いチキータを習得するためにも、ヒジを上げる習慣をつけておこう

基本ショットを身につける

連続写真でツッツキを学ぶ

ラリーのスタートでサービスと同様に欠かすことのできないレシーブ。ツッツキはそのレシーブの中でも基本とされる打ち方だ。

フォア

Point! ボールの落下地点へ向けて右足を踏み込んでいく

Point! ボールに対して、ラケットの先端から出していくようにスイング

バック

試合に勝つためにはツッツキを覚えよう

宮崎義仁の**アドバイス**

例えば、試合に負けた選手100人に敗因を聞いたとしたら、おそらく90人程度は「レシーブがうまくいかなかった」と答えるでしょう。レシーブというのはそれくらい大切で、卓球の中で一番難しいといってもいいくらいです。そのレシーブにおいて、基本となるのがツッツキ。ですから、試合で勝つためにはツッツキを覚えて、それを正確に打てるように練習していかなければいけません。

Point! 台でバウンド直後のボールの下をとらえ、切るようにして下回転をかける

Point! コンパクトなスイングで返球に備え戻りも早くする

 ポイント

フォア・バックともに右足を踏み込む

初心者に多く見られる間違いが、左足を前に出してツッツキを打つことだ。ツッツキを打つときには、フォア・バックのどちらでも必ず右足を前に踏み込んで打とう。

基本ショットを身につける

フォアハンドを4コースに打ち分ける

ねらい

Menu **004** フォアハンドを続ける

難易度 ★★☆☆☆
回数 50球×各1セット

▶ 基本技術

習得できる技能

● フォアクロス

● バッククロス

> やり方

練習者はフォア側から❶フォアハンドでクロスに打つ。パートナーは❷ブロックで練習者に向けて返球。これを繰り返す。

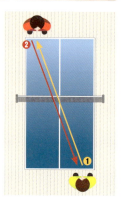

> やり方

練習者はバック側から❶フォアハンドでクロスに打つ。パートナーは❷ブロックで練習者に向けて返球。これを繰り返す。

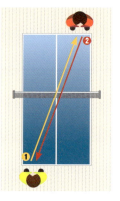

ポイント 足の向きに注目!

同じフォアハンドでも、フォア側からのクロスの場合は足がエンドラインと平行に近くなるが、バック側からのクロスならば足はサイドラインと平行にする。また、同じフォア側からでもストレートに打つほうが、クロスに打つときよりも左足が前に出るなど、**打つコースによってスタンスが異なる**。スイングや上体の使い方だけで打ち分けるのではなく、コースによってスタンスもしっかりと変えていくことでミスを減らせる。

●フォアストレート

やり方

練習者はフォア側から①フォアハンドでストレートに打つ。パートナーは②ブロックで練習者に向けて返球。これを繰り返す。

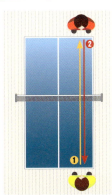

●バックストレート

やり方

練習者はバック側から①フォアハンドでストレートに打つ。パートナーは②ブロックで練習者に向けて返球。これを繰り返す。

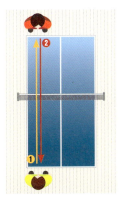

基本ショットを身につける

強弱のついた2種類のフォアハンドを覚える

ねらい

難易度 ★★☆☆☆
回数 10分×1セット

習得できる技能
▶ 基本技術
▶ フットワーク

Menu 005 フォアハンドで強弱をつける

やり方

パートナーはバック側からロングボールをクロスに出した後は、練習者が打ってきた球をブロックで返球。練習者はバック側の台から少し下がった位置で、フォアハンドでクロスに大きく打ち、次に半歩程度前に出てフォアハンドでクロスに小さく打つ。これを繰り返す。

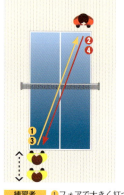

練習者 ❶フォアで大きく打つ ❸フォアで小さく打つ
パートナー ❷❹ブロック

⚠ ポイント

大小2つのスイングを覚えよう

プラスチックボールの特性として、自分が強く打った打球を相手が返してきた場合、あまりボールに飛距離が出ない。そこで、Menu003でも紹介したように、大きく打った後は前に出る習慣をつけることが大事になる。また、強打した後に相手がブロックしてきたような球は、返ってくるタイミングが速いので大きく振っている余裕はない。同じフォアハンドでも、遅いボールには大きく、速いボールには小さくという2種類のスイングを身につけよう。

多球練習ならば最後は強打

この練習では、ラリーを続けるために前に出たときは小さく打っている。しかし試合を想定すると、強打した後にチャンスボールが返ってきた場合は強く打ちにいく。多球練習で行う場合など、何本か続けた後は前に出て強打する意識を持ってもいい。

フットワークを使って前に出る

Level UP!
ショットを変えて難易度 UP

初心者は前進回転のフォアハンドで練習すればOKだが、中級者以上であれば大きく振るのをドライブに、小さく振るのをミート打ちにするなど工夫をすると、ワンランク上の練習にすることができる。

後ろからドライブ

後ろからフォアで大きく打つ

前に出てフォアで小さく打つ

フットワークを使って後ろに戻る

再び大きく打つ

基本ショットを身につける

バックハンドで4コースに打ち分ける

難易度 ★★☆☆☆
回数 2分×各1セット

▶ 基本技術
習得できる技能
▶ テクニック

Menu 006 バックハンドを続ける

● バッククロス

● バックストレート

やり方

練習者はバック側から❶バックハンドでクロスに打つ。パートナーは❷ブロックで練習者に向けて返球。これを繰り返す。

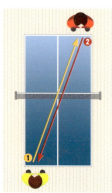

やり方

練習者はバック側から❶バックハンドでストレートに打つ。パートナーは❷ブロックで練習者に向けて返球。これを繰り返す。

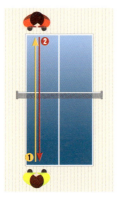

ポイント バックハンドもスタンスに注意

Menu004で紹介したフォアハンドの4コースのように、バックハンドで4コースに打ち分ける場合にも、少しずつ足の向きやスタンスなどが変わってくるのでしっかりと意識しよう。また、フォアハンドの4コースと異なるのはミドルからの打ち分けが入っていること。フォア側の球をあえてバックハンドで打つことはないため、バックハンドの4コースにはミドルから相手のフォア側とバック側に打ち分ける2コースが含まれる。

●ミドル→フォア

●ミドル→バック

やり方
練習者はミドルから❶バックハンドで相手のフォア側に打つ。パートナーは❷ブロックで練習者に向けて返球。これを繰り返す。

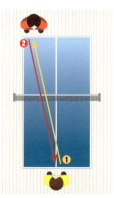

やり方
練習者はミドルから❶バックハンドで相手のバック側に打つ。パートナーは❷ブロックで練習者に向けて返球。これを繰り返す。

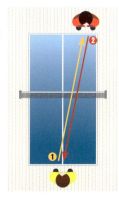

基本ショットを身につける
バックハンドとブロックを打ち分ける

難易度 ★★☆☆☆
回数 5分×1セット

習得できる技能
▶ 守備力
▶ テクニック

Menu 007 バックハンドとブロック

Point! ラケットを寝かせる / バックハンド

Point! ラケットを立てる / バックブロック

やり方
練習者はバックハンドとバックブロックを交互に打つ。パートナーはブロックで練習者に向けて返球する。

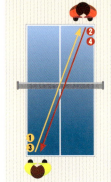

パートナー ❷❹ブロック
練習者 ❶バックハンド
❸ブロック

ブロックとは？
相手の強打に対して使われるショット。ラケットを立ててボールをとらえることで、打ち返すというよりも強打を止めるという意味合いが強い。

ポイント ブロックは手首を立てて固定

バックハンドとブロックの大きな違いは、手首を折るかどうか。バックスイングで手首を内側に折って、ラケットを寝かせるように構えるバックハンドに対して、ブロックは相手の強打を受け止める技なので、あまり手首を折らずにラケットを立てて固定したほうが打ちやすく、打球も安定する。ペンホルダーが主流だった頃の名残で、バックハンドでも手首を折ってはいけないという指導もあるが、現在の卓球では手首を自在に使って打つことのほうが多い。

●バックハンド

手首を内側に折って、ラケットを寝かせて構える

ヒジを中心に前腕と一緒に手首を返しながら打つ

●バックブロック

手首はあまり折らずにラケットを少し立てておく

ラケットを立てたまま、相手の強打に合わせるように打つ

基本ショットを身につける

安定したツッツキを打つ

難易度 ★★☆☆☆
回数 フォア・バックで3〜5分ずつ

習得できる技能
▶ 基本技術
▶ 守備力
▶ テクニック

Menu **008** ツッツキを続ける

やり方

2人が交互にフォア対フォア、またはバック対バックでツッツキを打ち合う。

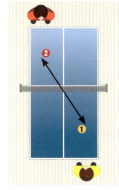

練習者 ❷ツッツキ
練習者 ❶ツッツキ

ツッツキとは？

主にレシーブで使われる技術で、相手が打った下回転の打球に対して、こちらも下回転をかけて返すショット。長短やコースを打ち分けることで試合中もさまざまな用途で打つことができる。初心者は積極的に取り組もう。

36

! ポイント　ラケットは必ず先端から出していく

ツッツキを打つ場合、バウンド直後の球をとらえたほうが相手の打球の威力を利用して、鋭い下回転をかけることができる。逆にバウンドから時間が経って打つほど、下回転をかける力は弱くなる。そこで大事なのが、フォア・バックともにラケットを先端から出していくこと。ツッツキというとラケットを横にして出してしまいがちだが、それでは打球するのが遅くなってしまう。**ラケットを先端から出してバウンド直後のボールをとらえよう。** また、ラケットの先端から出すことで、ミドルなどの球に対してフォア面・バック面のどちらでも打ちにいくことができる。

ラケットの先端から出して打ちにいく

第1バウンド直後

バウンド直後を打てば、相手の打球の威力を利用して鋭い下回転をかけられる

column

中学生の選手＆指導者へ
基礎を固め、頭を使った卓球に

　卓球の技術的なことで言えば、中学1年生ではじめたのであれば、1年間は基礎固めをしっかりと行ってください。まずは、素振りをしながらフォアハンド、バックハンドを覚えましょう。その後もツッツキやサービス、フットワークなど覚えることはたくさんあります。そして2年生くらいからは、積極的に対外試合をしていきましょう。数多く試合をこなしていくことで卓球の難しさを感じられると思います。そこで3年生になれば技術に磨きをかけたり、戦術を考え対戦相手によって対策を講じたりしていく。段々と頭を使った卓球を心がけていってください。

　また、小学生までは先生と生徒で一体感を持って練習していても、中学校で部に入ると、先輩後輩という人間関係が加わってきます。先輩の球拾いをするとか、先輩よりも先に来て掃除をするなどの関係性が自然とできてくるでしょう。しかし、それは決して悪いものではありません。むしろ、その関係性を作ってあげなければ、卓球を離れた場所での年上に対する敬いや礼儀作法が身につかず、社会的にも通用しない子に育ってしまうかもしれません。指導者としては、狭い範囲の中でも社会性を教えてあげることが大事だと思います。

　ただし、それは後輩から先輩に対してだけではありません。先輩としても入ってきたばかりの1年生に対して球出しをしてあげるなど、後輩を思いやってもらいたい。そうした関係性があってこそ、後輩は先輩を敬うようになるのではないでしょうか。

第3章
フットワークを身につける

卓球は敏捷性が大事なスポーツ。
どんなショットも正しいポジションに移動しなければ、
打つことはできません。
素早く動くために必要なフットワークを身につけていきましょう。

フットワークを身につける

連続写真で
左右の小さいフットワークを学ぶ

正確なショットを打つためには、素早いフットワークで打球位置まで動くことが必要不可欠。素早く動くための左右の小さいフットワークを学んでいこう。

バック側からフォアハンドのインパクト

Point!
軽く跳ねるようにしてもう一度、左右の足を同時にフォア側へ

フォア側→バック側の動き

Point!
自分が打つと同時に左足をバック側へ踏み出して体重移動

両足を同時に動かす"同足"で素早く動く

宮﨑義仁の アドバイス

昔の卓球であれば、最初に右足を出して、次に左足といったように交互に足を動かすフットワークが基本とされていました。しかし、ラリーのリズムが速くなった現在の卓球では、そのフットワークでは展開についていけない。写真で説明しているように、跳ねるようにしながら両足をほぼ同時に動かしていく"同足"のフットワークが現在の主流になります。これは、フォアからバックへの移動だけではなく、バックからフォアへの移動などさまざまな場面で意識してほしいポイントです。

バック側→フォア側の動き

Point! スイングの勢いを利用しつつ、左右の足をほぼ同時にフォア側へ出す

ミドルからフォアハンドのインパクト

Point! 跳ねるようにして左右の足をほぼ同時にバック側へ出す

フットワークを身につける

連続写真でフォア側への大きいフットワークを学ぶ

同足の小さいフットワークで動き続けるのが基本だが、フォア側に大きく動くときは交差させる足運びになる。大きいフットワークも身につけよう。

横から

バック側→フォア側の動き

バック側でフォアハンドのインパクト直後

フォアにくると判断した時点で右足を少しフォア側へ出す

右足に体の重心を移す

右足に体重を乗せてフォア側に飛びつく

飛びつきながらフォアハンドでインパクト

大きく動くときだけ足をクロスさせる

宮崎義仁の **アドバイス**

フットワークには大きく分けて「小さい動き」と「大きい動き」の2種類があります。小さい動きは、40ページで紹介した小さいフットワーク。この小さいフットワークでは両足の間隔は常に一定に近い状態でしたが、フォア側に大きく移動するときだけは、足をクロスさせるように動きます。ただし大きいフットワークでも同足の意識は変わりません。両足は常に一緒に動かす意識を持ってフットワークをしましょう。

左右の足を同時に動かす意識で、フォア側へ少し移動

右足を左足の後ろでクロスさせる

両足がほぼ同じタイミングで着地

フットワークを身につける

連続写真で1コースの切り返しを学ぶ

バック側の球はバックハンドで打つ場合と回り込んでフォアハンドで打つ場合の2種類。フットワークで切り返してどちらも打てるようにしよう。

バック側でバックハンドのインパクト

バックハンド→フォアハンド

Point! 体の軸を回転させるようにバック側へ回り込む

フォアハンド→バックハンド

Point! 打球と同時に右足を踏み出して、フォア側に戻る体勢を作る

回り込みでは重心を左足に乗せない

宮﨑義仁のアドバイス

1コースの切り返しで大事なのは、回り込みからのフォアハンドの場面で、右足をフォア側へ出しながら打つことです。「回り込んだときは左足に重心を乗せる」という指導は今も多いのですが、それでは戻りが遅くなってしまい、フォア側の返球に対応できません。回り込みでは右足をフォア側に出しながら打ち、体の軸をクルッと回転させるイメージが大切です。打った次の瞬間にはバックハンドに切り替えるような体勢作りを心がけましょう。

Point! 体の中心に頭の先から足下まで1本の軸をイメージする

Point! バック側のインパクト直前。重心は右足に置く

バック側で回り込み、フォアハンドのインパクト

Point! 体の軸を回転させるイメージで打球と同時にバックハンドへ切り替える

フットワークを身につける

フォアの小さいフットワークを身につける

Menu 009　1球で左右（フォア）

難易度 ★★★
回数 10分×1セット

習得できる技能
▶ 基本技術
▶ フットワーク

フォア側

ミドル

やり方
練習者はフォア側とミドルから、交互にフォアハンドでパートナーに向けて打つ。パートナーはフォアハンドでラリーを続けるように、練習者のフォア側とミドルへ交互に配球する。

パートナー ❷❹フォアハンド
練習者　　 ❶❸フォアハンド

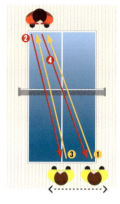

Level UP!
中級者以上はドライブで
初心者向けの基本練習だが、ショットをドライブにすれば中級者以上でも十分に効果的な練習になる。

❗ポイント
足をクロスさせずに同足で動く
フォアの小さいフットワークを身につけることが目的のため、練習中は常に一定の足幅を保ち、40ページで紹介したように同足で動くことを心がける。

▶フォアからミドルへのフットワーク中。足をクロスさせず同足で動く

フットワークを身につける

前後の小さいフットワークを身につける

Menu 010　1球で前後（フォア）

難易度 ★★★
回数 10分×1セット

習得できる技能
▶ 基本技術
▶ フットワーク

台の近くでフォア

台から離れてフォア

やり方

練習者はフォア側の台の近くと1歩程度下がった位置の2カ所から、交互にフォアハンドをパートナーに向けて打つ。パートナーはラリーを続けるように、フォアハンドで練習者のフォア側へ続けて配球する。

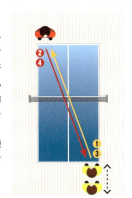

パートナー ❷❹フォアハンド
練習者 ❶フォアハンド（小さく）
❸フォアハンド（大きく）

❓ なぜ必要？

台から離れたら強く打つ

プラスチックボールでは、強打した後の返球は短く返ってくることが多い。そのため、練習者は台から離れた位置で大きく打った後、前に出て短く返ってくる球に対応するイメージを持つ。

⚠ ポイント

前後も同足で

後ろで大きく打った後、1歩で前に出て小さく打つ。そして、また1歩で後ろに下がる。この前後の動きも左右と同様に両足をほぼ同時に動かす同足で行う。

Point!
台の近くで打った後、右足で蹴るようにして両足をほぼ同時に動かし、後ろへ1歩下がる

フットワークを身につける

基本のフットワークを身につける

ねらい

Menu 011 規則的な多球練習

難易度 ★★★
回　数 3分×3セット

習得できる技能
▶ 基本技術
▶ 攻撃力
▶ 守備力
▶ 戦術
▶ フットワーク
▶ テクニック

フォア側

やり方

パートナーは、練習者のフォア側、ミドル、バック側の順に多球形式で球出し。練習者はフットワークを使いながら、フォアハンドでパートナーのフォア側に打つ。これを繰り返す。

パートナー ❶❸❺ フォアハンドで球出し
練習者　　 ❷❹❻ フォアハンド

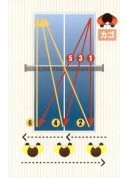

なぜ必要？

規則的な動きで技術習得

初心者やラリーがあまり続かないレベルであれば、多球形式のほうが効果的な練習になる。規則的な動きによる反復練習で、基本の打ち方やフットワークを身につけよう。

48

フットワークを身につける

実戦に近い足運びを身につける

難易度 ★★★★
回数 3分×3セット

習得できる技能
▶ 基本技術
▶ フットワーク

Menu 012 不規則な多球練習

ミドル

バック側

やり方

パートナーは、練習者のフォア側、ミドル、バック側にランダムで球出し。練習者はフットワークを使いながら、フォアハンドで相手のフォア側に打つ。これを繰り返す。

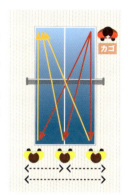
カゴ

パートナー 練習者のフォア側、ミドル、バック側へランダムに配球
練習者 3コースにきた球を相手のフォア側に打つ

❓ なぜ必要？

不規則な動きが実戦につながる

規則的な動きの反復練習のほうが技術習得には適しているが、試合になれば不規則な動きが求められる。そのため、Menu011のような規則的な練習と合わせて、不規則な動きの練習も取り入れていくことが望ましい。

❗ ポイント

バック側からフォア側へは飛びつき

この練習ではフォア側からミドルや、バック側からミドルなど、小さい動きに対しては足をクロスさせずに同足のフットワークを繰り返しながら行う。ただし、バック側からフォア側へ大きく振られるような場面では、足をクロスさせた大きいフットワークで飛びつきながら打っていこう。

Point! バック側からフォア側へは足をクロスさせた大きいフットワークを使う

49

フットワークを身につける

反復練習と実戦練習を同時に行う

ねらい

難易度	★★★★
回数	10分×1セット

習得できる技能
▶ 守備力
▶ 戦術
▶ フットワーク

Menu 013　規則的な展開からランダムへ

やり方

パートナーは、練習者の球をブロックで返球しながら、練習者をバック側、ミドル、フォア側の順に動かすように配球。これを2セット続けた後はフリーで練習者を動かしていく。練習者はバック側ではバックハンド、ミドルとフォア側ではフォアハンドをパートナーに向けて打つ。

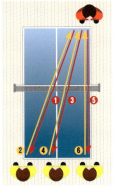

パートナー　❶バック側へ球出し（2回目からはブロック）❸❺ブロック
練習者　❷バックハンド ❹❻フォアハンド

❓なぜ必要？

規則的＆不規則な複合練習

Menu011とMenu012を合わせた形式の練習。はじめの2周は規則的な動きだが、以降はフリーの状態となり不規則な動きが求められる。近い距離は足をクロスさせない同足を、遠い距離は足をクロスさせた同足のフットワークを使っていこう。

フットワークを身につける

フォアとバックの切り返しを身につける

難易度 ★★★
回数 10分×1セット

▶ 基本技術
▶ フットワーク

Menu 014 切り返し左右

●遠い左右

フォア側

バック側

●近い左右

ミドル

バック側

やり方

パートナーは、練習者の球をブロックで返球しながら、フォア側→バック側→ミドル→バック側の順に配球する。練習者はバック側ではバックハンド、ミドルとフォア側ではフォアハンドをパートナーに向けて打つ。

パートナー ①③⑤⑦ ブロック
練習者 ②⑥ フォアハンド
　　　 ④⑧ バックハンド

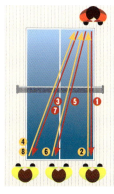

❓ なぜ必要？

4種類の切り返し

フォアハンドとバックハンドによる左右の切り返しには、ミドルを挟んだ近い左右と、フォア側とバック側による遠い左右の2種類がある。同足のフットワークを使いながら、フォアとバックを切り替えて打っていこう。

51

フットワークを身につける

1コースでの切り返しと大きなフットワーク

ねらい

Menu 015 切り返し1本、2本

難易度 ★★★★
回数 10分×1セット

習得できる技能
▶ 基本技術
▶ フットワーク

やり方

パートナーは練習者の球をブロックで返球しながら、バック側に2本→フォア側に1本の順で配球する。練習者はバック側の1本目をバックハンドで打ったら、2本目は回り込んでフォアハンド、次のフォア側の球を飛びつきからフォアハンドで打つ。

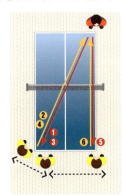

パートナー ❶❸ブロックでバック側に
❺ブロックでフォア側に
練習者 ❷バックハンド
❹回り込みフォアハンド
❻飛びつきフォアハンド

? なぜ必要?

余裕を持って飛びつきを

バック側で回り込んで打った後、フォア側へ飛びついたときに、できれば足をクロスさせないフットワークで打点を落とさずに打つことが理想。そのためには、回り込みの際の準備が大切になる。

バック側でバックハンド

バック側で回り込んでフォアハンド

Point! 浮かせた右足を踏み出して元の位置に戻る

回り込みのときからフォアへ動く準備を

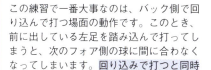
宮崎義仁の **アドバイス**

この練習で一番大事なのは、バック側で回り込んで打つ場面の動作です。このとき、前に出している左足を踏み込んで打ってしまうと、次のフォア側の球に間に合わなくなってしまいます。回り込みで打つと同時に右足を少し浮かせて素早く踏み出し、フォア側へ動く準備をしておきましょう。卓球は1回のショットで決まるケースがほとんどないので、このように次の予測をして動くことが大事になります。

ブロックで返球

Point!
回り込みを打ちながら右足を浮かせる

フォア側へのフットワークからフォアハンド

フットワークを身につける

大小さまざまなフットワークを身につける

ねらい

難易度 ★★★★
回数 10分×1セット

習得できる技能
▶ 基本技術
▶ フットワーク

Menu 016 多球練習パターン

バック側でバックハンド

バック側でバックハンド

やり方
パートナーは、多球形式で練習者のバック側→ミドル→バック側→フォア側の順に球出し。それに対して練習者は、バックハンドとフォアハンドを交互に相手のフォア側に打つ。

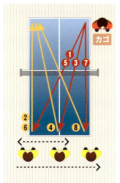

パートナー ①③⑤⑦フォアハンドでそれぞれのコースに球出し
練習者 ②⑥バックハンド
④⑧フォアハンド

❓ なぜ必要?

ミドルを挟んで大小に動く

基本的な大小のフットワーク練習だが、1つの練習の中でも間にミドルを挟むことで、大小さまざまなフットワークを組み込むことができる。自分たちでも動きのバリエーションを考えて、ここまでで練習してきたフットワークに取り組んでみよう。

フットワークではカカトが着いてもOK

宮﨑義仁の アドバイス

昔の指導方法では、フットワークのときは「つま先立ちで動け」と教えられました。しかし、特に大きいフットワークのときなどは、つま先立ちの状態から素早く動くことができない。そこで現在では、カカトは床に着けた状態で重心を若干、前のほうに持っていくくらいの意識でよいでしょう。前のめりの体勢から早く動くことはできませんから、重心を前に置きすぎないように注意してください。

Point！ カカトを床に着け、重心を少し前にして構える

ミドルでフォアハンド

フォア側でフォアハンド

9マスのフットワーク

アレンジ

指示出しフットワークでトレーニング！

足下にビニールテープなどで9つのマスを作り、それぞれに1〜9の番号を振る。そして、パートナーの指示に従ってそのマスを動く練習方法も初心者には効果的だ。卓球に必要なさまざまな方向へのフットワークを同足を使って練習してみよう。また、この練習時には両端から頭上にゴムを張ってもらい、そのゴムよりも頭が上に出ないように動くと、目線をブレさせないためのトレーニングにもなる。

1	2	3
4		6
7	8	9

column

高校生の選手へ
フィジカルと技術が繋がる時期

　高校生になって、身長の伸びが止まった時点で筋力アップのためのトレーニングを行っていきましょう。高校1、2年の段階で負荷の軽いものからはじめていきます。3年生になる頃にはある程度しっかりとした体型になっていると思うので、バーベルなどを使った本格的なトレーニングを行ってもよいでしょう。筋力がつくことにより、ボールにもパワーが伝わってより速い打球が打てるようになります。また、持久力という面では、中学の頃から少しずつ走りはじめて、高校になったら5キロや10キロなどを頻繁に走るようにしてください。

　フィジカルと卓球の技術が繋がってくるのが高校生の時期です。小学校や中学校から卓球をはじめていたのであれば、高校では技に磨きをかけていきましょう。打球のスピードを速くしたり、ボールにかける回転量を増やしたりしていく。そのためにもトレーニングが重要になってきます。

　そして、進路について考えることも高校生にとっては大切です。例えば、部内で下位の実力だったとしましょう。それが中学生であれば、将来はプロになりたいと思って練習に励むのはいいことです。しかし、高校生にもなれば現状を見極めて判断する必要があります。大学でも部活で卓球をやっていきたいのか、それとも趣味に留めるのか。その判断をしっかりすれば、大学進学を考えて卓球よりも勉強に力を入れてもよいのではないでしょうか。

第4章
応用技術でより実戦的に

ドライブやストップなど、
試合中に打つ機会の多い応用技術をこの章で紹介します。
打ち方のポイントだけではなく、
基本的な戦術についての理解も深めていくと効果的です。

応用技術でより実戦的に

連続写真でスマッシュを学ぶ

高い打点から力強く鋭い球を打つスマッシュは攻撃力の高いショットだ。
ただしミスになることも多いのでポイントをしっかり学んでいこう。

Point! コースに合わせて素早く体を入れ替える（写真はバック側で打つ場合）

Point! 体の軸を回転させながら、バウンド後の頂点をねらうイメージでスイング

Point! 高い打点から角度をつけて、ボールをフラットにとらえる

高い打点でとらえないとミスになる

宮﨑義仁の
アドバイス

スマッシュで大事なのは、バウンド後の頂点かできるだけ高い打点でボールをとらえることです。というのも、スマッシュには基本的に回転がかかりませんから、高い打点でとらえて角度をつけないとネットミスかオーバーミスになりがちだからです。また、慣れてきたらボールの内側をとらえて、少しシュート回転をかけるのも効果的です。シュート回転をかけると、ボールはバウンド後に少しボールが伸びるので、相手にとっては打ちづらい打球になります。

Point! 右足にしっかりと体重を乗せ、腰を回して体ごとバックスイング

Point! フォロースルーを取りながらも素早く次の動作に移れるように

Point! 力強く振り抜いて威力のある打球を打つ

応用技術でより実戦的に

連続写真でドライブを学ぶ

ドライブは打ち方や配球によって、攻めにも守りにも使うことができる。
ラリーの中心となるショットなので、フォア、バックともに打てるようになろう。

フォアハンド

Point! スタンスは平行のままバックスイングを開始

Point! 右足に体重を乗せ腰を使って体を大きく回転させながらバックスイング

バックハンド

Point! スタンスを平行にして、フォアドライブほど重心を移動させない

Point! ラケットを寝かせて、肩を少し内側に入れるようにしてバックスイング

ドライブはスマッシュよりも打点を後ろに

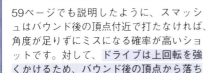
宮崎義仁の**アドバイス**

59ページでも説明したように、スマッシュはバウンド後の頂点付近で打たなければ、角度が足りずにミスになる確率が高いショットです。対して、ドライブは上回転を強くかけるため、バウンド後の頂点から落ちてきたタイミングがボールを引っかけやすく、回転のかかりやすいポイントになります。そのため、同じフォアハンドからのドライブとスマッシュでは、ドライブのほうが打点は後ろになる。この打点の違いを頭に入れて二つのショットを打ち分けていきましょう。

Point! 体の回転を使い、ボールを下から上へ擦ってインパクトして回転をかける

Point! インパクト後は返球に備えるためにも重心を戻す

Point! 手首を内側に折った状態からスイングして、ボールを下から上に擦り上げる

応用技術でより実戦的に

スマッシュのフォームを作りあげる

ねらい

Menu 017 スマッシュ多球練習

難易度 ★★★★★
回数 30球×フォア・バック 5セットずつ

習得できる技能
▶ 基本技術
▶ 攻撃力
▶ 守備力
▶ 戦術
▶ フットワーク
▶ テクニック

フォアスマッシュ / バックスマッシュ

やり方

フォア：パートナーは多球形式で練習者のフォア側に一定のリズムで球出し。練習者はフォアスマッシュをクロスに続けて打つ。

バック：パートナーは多球形式で練習者のバック側に一定のリズムで球出し。練習者はバックスマッシュをクロスに続けて打つ。

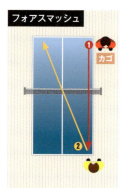

フォアスマッシュ

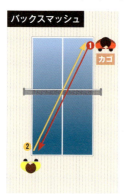

バックスマッシュ

パートナー ❶フォアハンドで球出し
練習者 ❷フォアスマッシュ

パートナー ❶フォアハンドで球出し
練習者 ❷バックスマッシュ

なぜ必要？

反復練習でフォームを作りあげる

練習メニュー自体の難易度は低くても、フォアスマッシュやバックスマッシュのフォームを作りあげることは難しく、何度も反復しなければならない。この練習を通じて、スマッシュのフォームを自分のものにしていこう。

⚠ フォアスマッシュのポイント　体全体を使って打つ

スマッシュで大事なのは58-59ページでも説明したように、打球の頂点をとらえて角度をつけること。また、強い打球を放つためには、体全体を使って打つことも大切だ。バックスイングで体を後方に捻り、体を前に回転させるようにしてインパクト。バックスイング時には後ろにあった右足が、打った後は左足よりも前にきているくらいが理想だ。

Point! 体を後方に捻り、後ろにある右足に重心を乗せてバックスイング

Point! 体を前方に回転させながら体全体の力を使ってインパクト

Point! 体を回転させていれば、打った後は右足が左足よりも前にくる

⚠ バックスマッシュのポイント　左足が跳ねるくらい力強く

バックスマッシュでも、フォアと同様にバウンド後の頂点をとらえて打っていくことが重要になる。打ち方としては、右肩を内側に入れるようにしてバックスイングを取ったら、インパクトに向けて力強く前に振り出していこう。このとき、重心は左足から右足へと移動し、最後は右足のみに重心が乗って左足は跳ね上がるようになる。

Point! インパクト後は右足に体重が乗り左足が跳ね上がる

Point! 重心を右足へと移しながらラケットを力強く前に振り出していく

Point! 右肩を内側に入れるようにしてバックスイング。重心は左足

応用技術でより実戦的に
ドライブの感覚をつかむ

Menu 018 ドライブ多球練習①

難易度 ★★☆☆☆
回数 100球×3セット

▶ 基本技術
▶ 攻撃力

習得できる技能

ミドルで構える / パターン1 / 回り込む

打点を落としてからフォアドライブ

やり方

パターン1：パートナーは下回転の長い球を多球形式で練習者のバック側に球出し。練習者はミドルで構えて、1球ごとに回り込んでボールが落ちてきたところでフォアドライブを打つ。

パターン2：パートナーは下回転の長い球を多球形式で練習者のフォア側とバック側へ交互に球出し。練習者はボールが落ちてきたところをフォアドライブとバックドライブで交互に打つ。

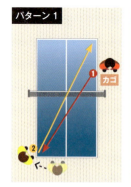

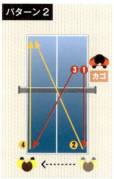

パターン1
パートナー ❶下回転で球出し
練習者 ❷フォアドライブ

パターン2
パートナー ❶❸下回転で球出し
練習者 ❷フォアドライブ
❹バックドライブ

❓ なぜ必要？
ドライブの回転感覚やフォームを身につける

初心者にとっては、フラットに当てるとボールが下へ飛んでしまう下回転の球をドライブで打つのは難しい。しかし、ドライブの回転感覚やフォームを身につけるには、多球練習で下回転を出してもらい、頂点から少し打点を落としたところを持ち上げるように打つ練習が有効なため、しっかりと取り組んでいこう。

パターン2 / 打点を落とす / フォアドライブ

打点を落とす / バックドライブ

宮﨑義仁の **アドバイス**

成功率100パーセントを目指そう

初心者にとって基礎中の基礎といえるメニューで、中学校時代はこの練習を徹底してやってもらいたい。というのも、卓球を続けていくうえでドライブは技術の中心となるショットですから、下回転の球を持ち上げるこの練習で、ドライブの感覚をつかむことが大切です。100球打ったら98か99球は入れる、できればすべて成功することを目指してください。

常に次の球を意識する

パターン1の3枚目の写真を見てもらうとわかるように、回り込んでフォアドライブを打つときには、すでに右足がフォア側へ出はじめています。昔は「左足に体重を乗せて打て」という指導者も多かったのですが、それでは戻りが遅くなってしまう。打った球は返ってきますから、常に戻りを意識したフットワークを使った練習をすることが大切です。

応用技術でより実戦的に

ドライブのフォームを作りあげる

Menu 019 ドライブ多球練習②

難易度 ★★☆☆☆
回数 フォア5分、バック5分

▶ 基本技術

習得できる技能

フォアドライブ

バックドライブ

やり方

パートナーは下回転の球を多球形式で練習者のミドルに球出し。練習者はフォアドライブをフォアクロスに打つ。パートナーが下回転をバック側に出して、練習者がバックドライブをクロスに打つ。

❓ なぜ必要？

打点を落とさずに打つ

ドライブのフォームを覚えるには反復練習が必要。また、ドライブは打点を前にすると威力が増すので、上達してきたら打点を落とさないドライブに取り組んでみよう。

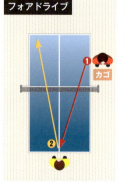
フォアドライブ
パートナー ❶下回転で球出し
練習者 ❷フォアドライブ

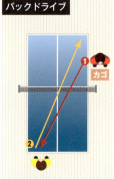
バックドライブ
パートナー ❶下回転で球出し
練習者 ❷バックドライブ

⚠ ポイント　ボールを擦りあげるためのバックスイング

下回転の球に対してドライブを打つ場合には、ボールを下から上に擦りあげる必要がある。そこで大事なのがバックスイングだ。フォアハンドの場合、左肩をしっかりと内側に入れるように上体を捻り、ラケットは床に着くくらいのイメージで落とすこと。

この状態からインパクトに向けて上へスイングしていこう。また、バックハンドの場合は、ラケットのバック面が真下を向くくらいに手首を入れること。面が正面を向いたまま手前に引いただけのバックスイングでは、ボールを擦りあげることができない。

● フォアドライブ

Point!
バックスイングでラケットを床に着くくらいまで下げ、下から上に擦りあげるイメージで打点を下げずにインパクトする

● バックドライブ

Point!
ラケットのバック面が真下に向くように手首を使ってバックスイング。そこからボールを擦るようにインパクトしていく

スマッシュは女子選手のほうが多く使う

宮﨑義仁の
アドバイス

スマッシュとドライブの用途の違いは、スマッシュが決め球なのに対して、ドライブは決め球にもつなぎ球にも使われるということです。ただし、男子選手の場合はスマッシュとドライブのスピードにあまり差がないため、よりリスクが少ないドライブを使う選手が多い。対して女子選手はそこまでスピードのあるドライブを打てないため、決め球としてスマッシュを使うことも多くなります。また、まだパワーの足りない中高生であれば、男子選手でもスマッシュを使うケースは増えてくるでしょう。

応用技術でより実戦的に

ドライブからスマッシュにつなげる

ねらい

Menu **020** ドライブ＋スマッシュ

難易度 ★★★☆☆
回数 30球×3セット

習得できる技能
▶ 基本技術
▶ 攻撃力
▶ 決定力
▶ 戦術
▶ フットワーク
▶ テクニック

フォアドライブ（2球目）

バック側で回り込み

やり方

パートナーはミドルに球出しした後、ブロックでミドル→バック側へと続けて配球する。練習者は1、2球目のミドルの球をフォアドライブでパートナーに返し、3球目のバック側の球を回り込んでスマッシュで返す。

パートナー　①上回転をミドルに　③ブロック　⑤ブロック
練習者　②④フォアドライブ　⑥フォアスマッシュ

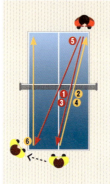

？ なぜ必要？

**打点が違うため
ミスが起こりやすい**

ドライブとスマッシュは打点の違いなどの理由から続けて打つとミスになりやすい。また、女子選手には多く使われる展開のため、反復して練習する必要がある。

打点の違いに注意!

宮崎義仁の アドバイス

ドライブからスマッシュという流れは、女子選手に多い展開です（67ページ）。そして、この流れの中で気をつけるのはスマッシュとドライブの打点の違い。ボールがバウンドした後、頂点から落ちてくるところが一番打ちやすいドライブに対して、スマッシュはバウンド後のボールが上がってくるタイミングか、頂点にきたときが打点になります。大きいときでは50センチほど打点が前後しますから（下写真参照）、打点の違いに気をつけてミスをしないように注意しましょう。

フォアスマッシュ

!ポイント
スマッシュとドライブの打点

写真は左がスマッシュ、右がドライブのインパクト時のもの。打っている位置の違いはあるが、体の真横でとらえているドライブに対して、スマッシュは体よりも少し前で打っているのがわかる。流れの中でこの違いを意識するとミスを減らすことができる。

● スマッシュの打点　● ドライブの打点

応用技術でより実戦的に

連続写真でブロックを学ぶ

相手が強打してきた場合に、その打球の勢いを利用して返すブロック。守備的な技術ではあるが、攻撃につなげるためには大事なショットだ。

Point!
相手の打球が速いと判断したら少し手首を立ててブロックの体勢に

Point!
ラケットを引いて打点を懐深くすると球威が落ちてとりやすくなる

ラケットを立てて打点を後ろにしよう

宮崎義仁の **アドバイス**

基本のバックハンド（24ページ）では、バックスイング時にラケットを寝かせると説明しましたが、ブロックの場合はラケットを立てることが大切です。というのも、ブロックをするのは相手が強打してきたエースショットに対してです。そこで球威に押されないようにするためにも、ラケットを立てて手首を固めましょう。そして、少しでも打点を懐深くすることで相手の球威が落ちて返しやすくなります。相手のエースショットは、まず返すことを第一に考えてください。

Point! ラケットを立てて相手の球威に押されないように手首を固定する

Point! 相手の球を押し返そうとはせず、角度を合わせてグリップを握り込む感覚

斜め前から

応用技術でより実戦的に

連続写真でストップを学ぶ

相手側のネット前に短く返球するストップは、相手に攻撃させないための重要なショット。試合で使う機会も多いのでしっかりと覚えよう。

フォア

Point!
ボールの落下地点に対してしっかりと右足を踏み込む

Point!
ラケットの先端から出していくようにしてスイングを開始

Point!
掛かっている回転に合わせて面の角度を作ってインパクト

Point!
相手側のネット前に短く落とし台上2バウンドを心がける

柔軟な発想でフォアとバックを使い分けよう

宮崎義仁の アドバイス

ラケットを先端から出していくのは、どのコースに打たれてもフォアとバックの両方で対応ができるからです。こうすることで、例えばミドル前に来たボールなどに対して、フォアで難しければすぐさまバックに切り替えられる。また、裏表で違うラバーを張っている人は、その特長を生かして打ち分けることもできるのです。必ずしもフォアにきたからフォアで打たなければいけない、というわけではありません。柔軟な発想で対応できるようにしていきましょう。

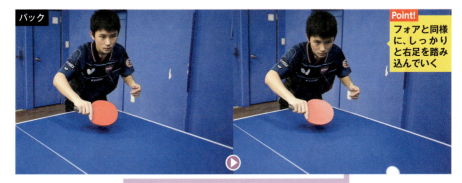

バック

Point! フォアと同様に、しっかりと右足を踏み込んでいく

Point! ラケットの先端から出していくようにしてスイングを開始

Point! 掛かっている回転に対して面の角度をしっかりと合わせる

Point! 台上で2バウンドするように短く返す

応用技術でより実戦的に

ブロックの技術向上をめざす

ねらい

Menu 021　2対1ブロック

難易度 ★★★★★
回数　10分×1セット

習得できる技能
▶ 守備力
▶ テクニック

フォア側のパートナーが強打

バック側のパートナーが強打

やり方

2対1で行うブロック練習。パートナーの2人は練習者のいるバック側に向けてドライブやスマッシュなど強打で攻める。それに対して練習者は、ブロックでフォアかバックに返す。慣れてきたら、パートナーの2人は練習者のフォア側にも打ってよい。

パートナー ❶練習者に向けて強打
練習者　　 ❷フォアもしくはバックのパートナーにブロック

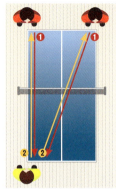

？なぜ必要？

実戦に近い球で練習する

ブロックは相手のエースショットを返す技術であるため、多球練習などの球出しよりも、実戦に近い攻撃をしてもらったほうがよい練習になる。

ポイント1　必ずエースショットで練習しよう

ブロックは、相手のエースショットを防ぐための技術だ。そのため、練習で緩いボールをブロックしていたのでは、技術の向上にはつながらない。今回のように2対1の練習ができない場合などは、パートナーにサーブを出してもらってから、それを長いツッツキで返して強打してもらうなど、**エースショットに対してブロックの練習をすること**。また、多球練習で行う場合にも、パートナーには通常よりも強い球をバンバン出してもらうようにしよう。

バック側のパートナーに向けてブロック

フォア側のパートナーに向けてブロック

ポイント2
強打のコースを予測しよう

ただ漠然とパートナーの強打をブロックしているだけでは、効果的な練習にはならない。練習を続けていく中で、自分がブロックを打ったコースによって、パートナーが強打してくるコースを予測するなど、常に考えながらブロックを打ち分けるようにしよう。

応用技術でより実戦的に

変化をつけた
ブロックの習得

難易度 ★★★★★
回数 2球1セット×30セット

習得できる技能
▶ 基礎技術
▶ 対応力
▶ 守備力
▶ 戦術
▶ フットワーク
▶ テクニック

Menu 022 カットブロック＆ナックルブロック

パートナー：ドライブ

練習者：カットブロック

やり方

パートナーは練習者のバック側にドライブを打ち、練習者はナックルブロックでパートナーに返球する。続けてパートナーはミドルにドライブを打ち、練習者はカットブロックをパートナーのフォア側に打つ。

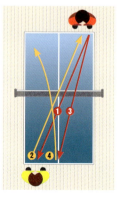

パートナー	❶❸ドライブ
練習者	❷ナックルブロック
	❹カットブロック

❓ なぜ必要？

試合で有効なブロック

変化をつけたブロックの難易度は高いが、試合で使えれば有効な打球になる。通常のブロックが安定して打てるようになったら挑戦してみよう。

⚠ カットブロックのポイント　ボールの右側を擦るように打つ

相手のフォア側に向けて曲がり、台のサイドを切るような軌道をとるブロック。打ち方のポイントは、ラケットを立てて構えたら、手首を外側に返すようにしてインパクト時にボールの右側を擦るように打つこと。

Point! 手首を返してボールの右側を擦る

⚠ ナックルブロックのポイント　ボールを上から押さえるように打つ

ボールの軌道などは通常のブロックと変わらないが、ナックルブロックはその名の通り、ナックル回転（無回転）の打球となる。ラケット面を少しだけ下に向ける意識で、インパクト時にボールを上から押さえるように打つ。

Point! ラケットを少し下に向け、ボールを押さえるように打つ

応用技術でより実戦的に

2種類のストップを覚える

難易度 ★★★★
回数 5分×1セット

習得できる技能
▶ 守備力
▶ 戦術
▶ フットワーク
▶ テクニック

Menu **023** ストップ対ストップ

やり方

練習者2人が、お互いにストップを打ち合う。その中で、ストップの打点を早くしたり遅くしたりして、2種類のストップを状況に応じて打ち分けていく。

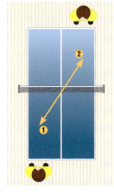

練習者　① ② ストップ（繰り返し）

❓ なぜ必要？

状況によって打点を変える

同じストップでも、打つ状況によって2種類の打点がある。基本のストップよりも打点を遅くしたストップのほうが、長い球を短く返さなければならないため難易度が高い。

⚠️ 打点の早いストップのポイント
バウンド直後の球をとらえる

台上で2バウンドするような短く打たれた球に対し、バウンド直後の球をとらえて相手のネット際に短く返す基本的なストップ。ラリー中に相手がストップを打ってきた場面など、短く打たれた球に対してだけではなく、レシーブ時などにも用いられる。**相手に打たせない(攻撃させない)ことが目的になる。**

⚠️ 打点の遅いストップのポイント
頂点から落ちてきた球をとらえる

相手が長い球を打ってくると予想していたが、実際は短く打たれた場合など、途中で「攻撃できない」と判断したときに戦術を切り替える意図で使われるストップ。バウンド後の頂点から落ちてきたタイミングをとらえ、相手のネット際に短く返す。常に攻撃の意識を持つと、こうした判断も必要になるケースは多い。

Point! バウンド直後の球を角度を合わせて打つ

Point! 相手に攻撃をさせないためにも相手のネット際に短く返していく

Point! バウンド後の頂点から落ちてきたタイミングで打つ

Point! わざと打点を遅らせるというよりは、途中で戦術を切り替えているために、打点が遅くなるイメージ

応用技術でより実戦的に

連続写真でカーブドライブを学ぶ

強い上回転がかかる基本的なドライブとは違い、ボールの外側を強く擦ることで左に曲がる軌道をとるドライブ。台のサイドを切るようなイメージで打とう。

横から

Point! バックスイングでラケットを大きく引き、上半身をグッと強く捻る

Point! しっかりと右足を踏み込んでフォア側に飛びついていく

正面から

手首を内側に入れ、体の捻りを使って打つ

宮崎義仁の **アドバイス**

下の連続写真はバックドライブを打った後、相手がフォア側へ揺さぶってきたと想定した場面。そこで、ただ飛びついて打つだけではなく、カーブドライブで相手のフォアサイドを切るような打球を打っています。このとき大事なのは、**体を捻って軸を回転させながら強く打つこと**と、**手首をグッと内側に入れてボールの外側を擦ること**です。飛びつきながらクロスに向けてカーブドライブを打つことで、相手のフォアサイドを切ることが理想。また、相手が対応しづらくなるように、打点を落とさず早いタイミングで打球の頂点を打っていきましょう。

Point! 手首を内側に曲げて、打点を落とさないように打球の頂点を打つ

Point! 飛びつきながら体の軸を回転させ、ボールの外側を擦っていく

応用技術でより実戦的に

連続写真でシュートドライブを学ぶ

カーブドライブとは反対に、ボールの内（左）側を強く擦ってボールにシュート回転をかけるドライブ。回転を理解してうまく戦術に組み込もう。

横から

Point! バック側にきた球に対して、素早く回り込んで打つ体勢を整える

Point! ヒザを曲げてしゃがみ込むことで、打点を目の高さと同じにするイメージ

正面から

しゃがみ込みから目の高さでインパクト

宮崎義仁の**アドバイス**

カーブドライブの打点が顔よりも少し下になるのに対して、シュートドライブは目と同じ高さで打ちます。その差は約20センチ。そのため、しゃがみ込むように体勢を低くしながらラケットを立てて、ボールの内側を擦るように打っていきましょう。そうすることで、ボールにシュート回転がかかりやすくなります。また、カーブドライブとは軌道が正反対ですが、シュートドライブでも台のサイドを切るようなコースに打つことで相手に対応させづらくするのが理想です。

Point! ラケットを立ててボールの内側を擦り、クロスにシュート回転の打球を打つ

Point! フォームが大きくなるので、戻りを素早くする意識を持つ

⚠ ポイント
シュート回転を理解しよう

例えば、自分がバック側に追い詰められたとする。そのとき、普通にクロスに打ったのでは、相手にフォアへ大きく振られて届かない場面も（図①）。しかし、その状況からシュートドライブを打てれば、相手に返されたとしてもボールの回転から再びバック側に返ってくる可能性が高く（図②）、次の攻撃に移りやすくなる。

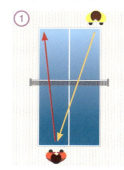
①

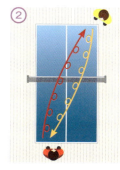
②

応用技術でより実戦的に

台から離れた戦い方を覚える

ねらい

難易度 ★★★★☆
回数 5分×1セット

習得できる技能
▶ 基本技術
▶ 攻撃力
▶ 守備力
▶ 戦術
▶ フットワーク
▶ テクニック

Menu 024 コートから離れてドライブ

やり方 1対1でお互いが台から離れた状態になり、フォアクロスで大きなドライブを打ち合う。

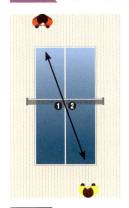

練習者&パートナー
❶❷お互いがフォアドライブを打つ

❓ なぜ必要？

女子選手も積極的に取り入れよう

男子は台から離れた展開も多く、ドライブ戦を制するためには重要な練習になる。また、女子選手にとっても、台から離れた展開がないわけではない。なにより大きく動くことで運動能力を高めることができる。強くなるためには、男女とも取り入れてほしい練習メニューのひとつだ。

❗ ポイント

台から離れた打ち方

台から離れた状態で打つ場合、体の使い方などが変わってくるため、それを体に覚えさせる必要がある。台に近い位置のときよりも、足腰を使って体全体で大きく打とう。また、打点はバウンド後の頂点ではなく少し落ちてきたところを狙って、下から上にスイングしていく。

応用技術でより実戦的に

シュート&カーブドライブの精度を上げる

ねらい

Menu 025 シュート&カーブドライブ 多球練習

難易度	★★★★
回数	30球×シュート・カーブ 3セットずつ

習得できる技能
▶ 攻撃力
▶ テクニック

シュートドライブ

Point! シュートドライブ、カーブドライブともに台のサイドを切るイメージで打つ

やり方

パートナーにバック側へ多球形式で球出ししてもらい、シュートドライブを打つ。もしくは、パートナーにフォア側へ多球形式で球出ししてもらい、カーブドライブを打つ。

? なぜ必要？

多球で反復練習

シュートドライブとカーブドライブは難易度の高い技術なので、多球練習でミスを恐れずに何度も取り組むことが大切。

シュートドライブ

カーブドライブ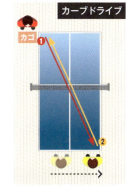

パートナー	❶フォアハンド（多球形式）
練習者	❷シュートドライブ

パートナー	❶フォアハンド（多球形式）
練習者	❷カーブドライブ

応用技術でより実戦的に

連続写真でチキータを学ぶ

攻撃的なレシーブの代表格ともいえるチキータ。技術としての難易度は高いが回転量が多く打球にスピードも出るため、上級者には使う人も多い。

正面から

Point!
ヒジを上げて手首を内側に入れ、ラケットヘッドを下に向けるイメージ

Point!
ヒジを上げてできた脇の下のスペースにラケットを入れるようにバックスイング

Point!
ラケットのバック面でボールの左側を擦るようにインパクト（回転によって異なる・91ページ）

Point!
ヒジを中心にして、手首を返しながらスイングすることで打球に強い回転をかける

ヒジを上げてできた空間にラケットを入れる

宮﨑義仁のアドバイス

チキータの特長は回転量が多く、ボールをとらえる位置によってさまざまな打ち分けができること。打ち方としては、写真3枚目のようにヒジを高く上げることが重要です。ヒジを上げてできた空間に手首をしっかりと曲げてラケットを入れ、ヒジを中心としたスイングで打っていってください。プラスチックボールになったことでチキータの使用率は減ってきていますが、それでも使用機会の多いショットなので覚えていきましょう。

横から

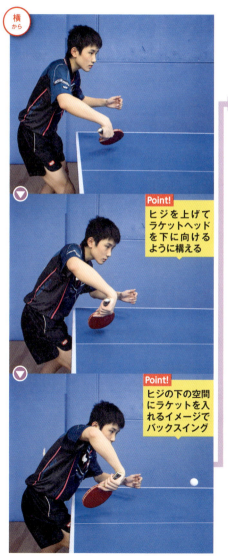

Point! ヒジを上げてラケットヘッドを下に向けるように構える

Point! ヒジの下の空間にラケットを入れるイメージでバックスイング

Point! ボールの側面を擦るようにインパクトする

Point! ヒジを中心にしたスイングで、手首を返しながら打つことで強い回転をかける

応用技術でより実戦的に

連続写真でロビング（フィッシング）を学ぶ

台から離れて相手に強打されたときなどに、高い軌道で返球するショットがロビングだ。相手の攻撃をしのいで反撃につなげよう。

正面から

Point!
台から2メートルほど離れて、相手の強打を受け止める体勢をつくる

Point!
インパクトの直前まで打球をしっかり見て、頭の中にコートを描く

Point!
ロビングのミスは飛距離が足らないでネットにかかるか、オーバーミスが多い。少しドライブ回転をかけて打っていこう。高い軌道で打っても、ドライブ回転がかかっていれば打球はオーバーすることなく落ちてくる

打球の軌道（ロビング）

ラケットの真ん中でとらえ、ドライブ回転をかける

宮﨑義仁の アドバイス

台から離れた位置で相手の強打を受けたとき、高い軌道で返すのをロビング、やや低い軌道で返すのをフィッシングといいます。相手が決めにきた場面ではロビングを、こちらがミスをするまで何本も打ってくるようならフィッシングを、というように打ち分けていきましょう。これらを打つときに大事なのが、直前までボールを見てラケットの真ん中に当てること。当たり前のようですが、台から離れているのでうまくヒットすることだけでも難しい状況です。また、少しドライブ回転をかけてボールを落とし、オーバーミスを防ぐのも大事なポイントです。

Point! 打点をできるだけ落として、ボールをラケットの真ん中にしっかりと当てる

Point! 打球に少しだけドライブ回転をかけて高い軌道で打つ

Tactics

試合では常に攻め続けることができるわけではない。攻められたときのことも考えて練習をしよう

練習では、常に自分が攻めるパターンばかりを行いがちだ。しかし、試合では相手も攻めようとしているわけで、実際は50パーセントが攻めで50パーセントが守りになる。守りの練習をすることも大切なのだ。攻めたときの得点率を高めるだけではなく、ときにはわざと相手に攻めさせるなどして、相手に攻められたときの失点を減らすことで、より勝てるようになる。半分は攻められるスポーツなのだということを理解して、ロビングやフィッシングの強化にも取り組んでいくと、強くなるはずだ。

応用技術でより実戦的に

ねらい チキータの精度を上げる

Menu **026** チキータ多球練習

難易度 ★★★☆☆
回数 30球×3セット

習得できる技能
▶ 基本技術
▶ 攻撃力
▶ 守備力
▶ 戦術
▶ フットワーク
▶ テクニック

ミドルで構える / フォア側へ移動

チキータをクロスに打つ

やり方

パートナーは下回転の球を練習者のフォア前に球出しする。練習者は1球ごとにミドルからフォア側に移動してクロスにチキータを打つ。

パートナー
❶ 下回転でフォア前に球出し
練習者
❷ ミドルから移動してチキータ

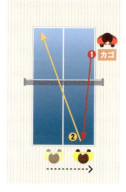

なぜ必要？

**どのコースからも
チキータを打ち分ける**

難易度の高いチキータの習得のための多球練習。練習者が動かないですむようバック側からクロスに打ったほうが簡単だが、あえて動きながらフォア側からクロスに打つことで、どのコースからもチキータが打ち分けられるようになる。

⚠ ポイント1
返されたことを想定して練習する

多球練習のときでも、チキータの打ち方のみに集中するのではなく、常に打たれた場合を想定しておくことが大切だ。バック側やミドルで構え、フォア前へ移動してからチキータを打つ場合は右足に重心を乗せて打つが、打球と同時に左足に体重をかけて戻る練習も一緒に行おう。

⚠ ポイント2
3種類のチキータを打ち分けよう

チキータには大きく分けて前進回転と横回転、下回転のチキータがある。打ち方はどの回転でも86-87ページで紹介したものと大きく変わることはないが、ラケットの角度などは変わってくるので覚えておこう。同じフォームから打ち分けられれば、有利な展開に持ち込める。

←重心

前進回転
ラケットが横を向き、ボールの上側をとらえることで前進回転をかける。台上ドライブに近い打ち方

重心→

横回転
オーソドックスなチキータの回転。ボールの真横よりも少し上側をとらえることで、ボールに横上回転をかける

Point!
フォア前で右足に重心を乗せてチキータを打ち打球と同時に左足に体重をかけて戻る

下回転
ボールの真横よりも少し下側をとらえるイメージで打つ。横回転チキータよりも鋭い回転がかかった打球になる

応用技術でより実戦的に

連続写真でサーブを学ぶ
【下回転サーブ】

一番はじめに打つサーブは最初の攻撃となる大事な1球。ここからは代表的な回転のサーブを紹介。さまざまな回転のサーブを覚えて試合を有利に運ぼう。

横から

Point! バックスイング時にラケットを寝かせて、あらかじめ角度をつけておく

Point! ボールの相手側を切るイメージでラケットを出していく

Point! ボールの真下をとらえて下回転をかける

Point! サーブを短く出すためには、台の中央付近で第1バウンドさせる

ボールの相手側を切るイメージ

宮﨑義仁の **アドバイス**

下回転サーブで大事なのは、バックスイングのときにラケットを寝かせること。インパクト時にはボールの真下を切るので、あらかじめ角度をつけておくことが大切です。また、実際はボールの真下ですが、ボールの相手側を切るイメージを持つと下回転をかけやすい。相手にわかりづらくするためには、ラケットを少し立てておいて横回転に見せかけ、インパクト時にラケットヘッドを動かして下回転をかける方法が効果的です。

応用技術でより実戦的に

連続写真でサーブを学ぶ
【上回転サーブ】

上回転サーブで難しいのは、上回転をかけながら短いサーブを出すこと。
しっかりとポイントをつかんでロングサーブにならないように注意。

Point! トスを上げると同時にバックスイングを開始
Point! バックスイングでは、ラケットを立てておく

Point! インパクトの瞬間にラケットを手前に引くイメージで下から上に擦り上げる
Point! 上回転でも短く出す場合は台の中央で第1バウンドさせる

ボールを下から上に擦り上げる

宮﨑義仁のアドバイス

上回転サーブで難しいのは回転のかけ方です。当然、ボールの上を切れば上回転がかかるのですが、それでは前に進む力が強く短いサーブが出しづらい。そのため、インパクトのときにラケットを手前に引くようなイメージで、ボールを下から上に擦り上げて上回転をかけていきましょう。そうすることで前に進む力が少なく、上回転でも短いサーブを出すことができます。下回転サーブと同じモーションから、上回転を出すことも効果的ですね。

応用技術でより実戦的に

連続写真でサーブを学ぶ 【横回転サーブ】

ボールの左側をとらえて右横回転をかけることで右へ曲がる軌道の打球となる横回転サーブ。上回転と似ている部分も多いのでポイントをしっかりつかもう。

Point! トスを上げながら、連動させるようにバックスイングをはじめる

Point! バックスイングではインパクト時と同じように、グリップを上にしてラケットを立てる

Point! ラケットを立ててボールの左側をインパクト

Point! 立てたラケットを前（相手側）に押し出すようにして横回転をかけて打つ

ラケットを前へ押し出すイメージ

横回転サーブはインパクトまでが上回転サーブと似ていて、まずグリップ部分を上にしてラケットを立てます。そして、インパクトでは立てたラケットでボールの左側をとらえたら、そこから相手側にラケットを押し出すイメージで横回転をかけていきま

しょう。打った後に素早くラケットを引いて、切った方向とは逆側に面を被せたり、上回転サーブのようにラケットを上げたりするなど、フェイクモーションを入れるのも効果的です。

宮﨑義仁の **アドバイス**

応用技術でより実戦的に

連続写真でサーブを学ぶ
【逆横回転サーブ】

逆横回転サーブはボールの右側をとらえて左横回転をかけるサーブ。
ここまでに紹介したサーブとはスイングの仕方が大きく異なる点に注目しよう。

横から

Point! ヒジを上げ、手首をグッと曲げてラケットを内側に入れる

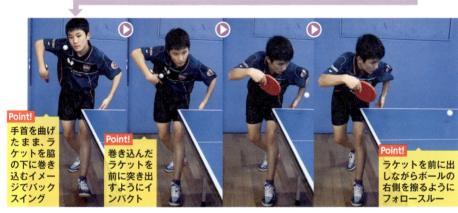

Point! 手首を曲げたまま、ラケットを脇の下に巻き込むイメージでバックスイング

Point! 巻き込んだラケットを前に突き出すようにインパクト

Point! ラケットを前に出しながらボールの右側を擦るようにフォロースルー

ヒジを上げてラケットを内側に巻き込む

宮﨑義仁の **アドバイス**

逆横回転のサーブは、ボールの真下や手前を切るサーブとはフォームが大きく異なります。大事なのは、ヒジを上げてそこにできたスペースにラケットを入れるようにバックスイングをすること。そして、巻き込んだラケットを奥に突き放す勢いで逆横回転をかけていきます。ただし、フォームの違いから、相手に読まれてしまうこともあるので注意してください。打った後に真後ろにラケットを引いたり、面の角度を変えたりと読まれない工夫をしてみましょう。

応用技術でより実戦的に

連続写真でサーブを学ぶ
【ナックルサーブ】

ナックルサーブとは、打球に回転をかけないで打つ無回転サーブのこと。真っ直ぐな軌道ながら少し揺れるような打球は相手のミスを誘いやすい。

横から

Point!
ラケット面を下に向けて寝かせると下回転に見せかけられる

Point!
インパクトの直前。下回転のフォームとほぼ同じ(92ページ)

Point!
ラケットを立ててボールの後ろを打つことでナックルサーブに切り替える

Point!
ラケットを相手に向けるように少し面を返しながらボールを押し出すイメージ

相手ラケットの芯を外してミスを誘える

宮﨑義仁の**アドバイス**

ナックルサーブは、インパクトの瞬間にラケットを立てて、ボールの後ろに当てることで回転のない球を打ちます。このとき、面を少し返すなど回転をかけないように工夫することが必要です。ナックルサーブがレシーバーにとって難しいのは、打球が少し揺れるためにラケットの芯を外れることがあるから。また、単純に無回転の球というだけではなく、グッと押し込むように打たれたナックルは、レシーブ時に芯を外れるとラケットが重く押されるような感覚があります。

応用技術でより実戦的に

連続写真でサーブを学ぶ
【ロングサーブ】

前進回転だけではなく、横回転や下回転などさまざまな回転で出せるロングサーブ。一番のポイントとなる第1バウンドの位置に注意して打とう。

Point! ロングサーブはさまざまな回転で出せるので、状況によってフォームは異なる

Point! どの回転で出すにしても、強い打球を打つイメージでインパクト

Point! 第1バウンドを台の手前から15センチ以内にバウンドさせる

ミスを恐れず台の手前に強くぶつける

宮﨑義仁の **アドバイス**

ロングサーブは横回転や下回転などいろいろな回転で出すことができますが、まずは回転のことはあまり気にしなくてよいでしょう。良いロングサーブの条件は、第1バウンドで台の手前から15センチ以内にボールを強くぶつけること。というのも、強くぶつけられなければ打球にスピードがなくなってしまいますし、第1バウンドの位置が遠くなればオーバーミスになります。恐れずに台の手前へ強くぶつけるイメージで打っていきましょう。

応用技術でより実戦的に

サーブの精度を高める

難易度 ★★☆☆☆
回数 100球×1セット

習得できる技能
▶ 基本技術
▶ 戦術
▶ フットワーク
▶ テクニック

Menu **027** いろいろなサーブ練習

Point!
下回転がしっかりかかっていれば
ボールが戻ってきてネット付近にたまる

やり方

練習者は手元に100球ほどのボールを用意して、台上で2バウンドするような短い下回転のサーブを打つ。ネットに戻ってくるようなキレのある下回転サーブが理想。

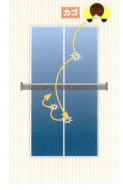

練習者 ①下回転サーブ

？ なぜ必要？

反復練習で感覚をつかむ

サーブの習得には、特にコツなどはなく、反復練習でとにかく打ち続けて感覚をつかむことが、上達への近道になる。

● 台を9分割してコースへ打ち分ける

コースの精度をあげるためのサーブ練習。紙などに1〜9までの数字を書き、下写真のように相手側の台の上に並べる。サーブの種類や回転などはどれでも構わないが、狙った数字のマスに入るようにサーブを打つ練習。回転による打ち分けだけではなく、同じ回転でもしっかりと狙ったコースに打ち分けられることを目指そう。

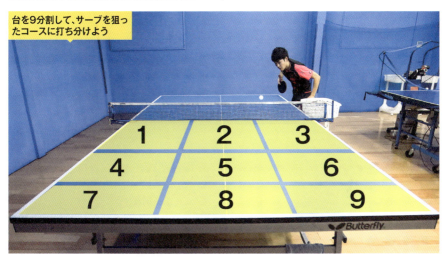

台を9分割して、サーブを狙ったコースに打ち分けよう

● 下回転のかかり具合を確認!

初心者は、Menu027のサーブ練習を行う前に、下回転がしっかりかけられているかを確認してみよう。その方法は、台のないところで床に向かって下回転をかけてみること。しっかりとボールに下回転がかかっていれば、ボールはバウンド後に自分の方向に戻ってくる。戻ってこなければ下回転のかかりが弱いということなので、まずはこの練習で下回転をかける感覚をつかもう。

Point!
台のないところで前に向かって下回転を打つ。しっかりと回転がかかっていれば、ボールは自分のところまで戻ってくる

応用技術でより実戦的に

サーブの
バリエーションを増やす

Menu 028 巻き込み、バック、投げ上げ、しゃがみ込みサーブ

難易度 ★★★★☆
回数 50球(各サーブ)

習得できる技能
▶ 基本技術
▶ 戦術
▶ テクニック

● 巻き込みサーブ

フォアサーブの一種で、ボールを巻き込むようにラケットを出していき、逆横の回転をかけるサーブの出し方。手首を立てるようにすることで、ラケットまでを「く」の字に曲げて打つが、打った後も右足が前に出ずに後ろに残るため、通常のサーブよりも打球が前にいく力が弱くなりがちだ。しっかりと打球に威力を出せるように取り組んでいこう。

Point!
手首を立てて、腕とラケットを「く」の字に曲げることで逆横回転をかける

● バックサーブ

先述したさまざまな回転のサーブ（92-97ページ）では、主にフォアサーブによる回転の打ち分けを紹介したが、バック面を使ってサーブを打つこともできる。もちろん、バックサーブでもいろいろな回転を打ち分けることができるので、練習前や練習後に時間を見つけて取り組んでみよう。空いた時間に1人でも練習できるのが、サーブ練習のいいところだ。

Point!
バックサーブでボールをとらえる場合、フォアサーブのときとは逆側（右横）がとりやすい

● 投げ上げサーブ

トスは手元から16センチ以上投げ上げなければならないが、高さに上限はない。トスを高く上げるほど、落ちてきたボールの勢いを利用して、より鋭い回転をかけたサーブを打つことが可能だ。例えば1つのサーブしか打てなくても、ハイトス、ミドルトス、ロートスとトスの高さを3つ使い分ければ回転量や打球のスピードに変化をつけることができるので、挑戦してみよう。

● しゃがみ込みサーブ

打球時にヒザを曲げて、しゃがむような体勢から打つサーブ。ヒザへの負担などから背の高い選手にはお勧めできないが、身長の低い選手は得意とすることも多い。打ち方の特長として短いボールを出すのが難しいため、ミスをすると相手に絶好のチャンスボールを与えてしまいがち。ただしサーブのアクセントとして使うのは有効なので、女子選手などはサーブのレパートリーの中に入れてみよう。

column
規則正しい生活がメンタルを強くする

　卓球はメンタルが勝敗を大きく左右するスポーツだと思います。中学生や高校生でもメンタルの弱い選手は競った場面で勝ちきれない。だからこそ、メンタルをいかにして強くしていくのかが重要です。

　そのためには、日頃の生活から心がけていくことが大切だと思います。モノを使った後は元の場所に戻す、常に整理整頓を心がけるといったような規則正しい生活を送ることで、メンタルは少しずつ向上していきます。いきあたりばったりの生活をしている人は、試合で困った状況になっても、どういうサーブを出したらいいのか自分では決められない。何をしたらいいのかわからない……というようなパニック状態になってしまうことが多いですね。でも、規則正しい生活をしていれば、フォア前がダメだったから次はバック前に出してみよう、それでもダメなら次はロングサーブ……といったように、現状を整理して考えることができる。そうやって考えられるからこそ、パニックにならずに落ちついた精神状態を保てるのです。

　試合に出はじめたばかりの中学生などは、試合中もキョロキョロしてしまったりするもの。ですが、相手の目を見て構えるなど、相手を観察しながら試合をするという習慣をつけていきましょう。そうすることで相手の考えが少しずつわかるようになるし、メンタル的にも強くなっていくのではないかと思います。

第5章
戦術への理解を深める

この章では、実際に試合で使われる展開など、
戦術を身につけるための練習メニューを紹介します。
戦術に対して理解を深めながら練習に取り組むことで、
有利に試合を運べるようにしましょう。

戦術への理解を深める

サーブから3球目攻撃へつなげる

ねらい

Menu 029 下回転サーブからの攻撃

難易度 ★★★☆☆
回数 20分×1セット

習得できる技能
- 基本技術
- 攻撃力
- 守備力
- 戦術
- フットワーク
- テクニック

練習者：下回転サーブ

やり方

練習者は、下回転サーブをパートナーのミドル前かフォア前に出し、パートナーは練習者に対してツッツキで返球（コースは限定しない）。練習者は3球目をフォアドライブで強打する。

練習者　①下回転サーブ
　　　　③フォアドライブ
パートナー　②ツッツキ（ストップ）

❓ なぜ必要？

3球目攻撃の基本戦術

下回転サーブからフォアで強打につなげる戦術は、3球目攻撃の基本となる。卓球をはじめたばかりであれば、まずはこの戦術をマスターしよう。

上級者はナックルも選択肢に

宮﨑義仁のアドバイス

パートナーのツッツキはバック側だけに限らず、ミドルやフォア側にも打ってもらうと、オールフォアでの対応の練習になります。また、より高いレベルの選手になれば、競った場面では下回転に見せかけたナックルで短いサーブを出すこともあります。ナックルの短いサーブは、打球の威力が弱いだけに相手はフリックで攻撃しても遅い球にしかならず、短く返そうと慎重にストップをしても、どうしても浮いてしまいがち。そこをすかさず攻撃していきましょう。

パートナー：ツッツキ

練習者：フォアドライブ

! ポイント
オールフォアで強打を意識する

下回転サーブを相手のフォア前かミドル前に出した場合、レシーブはツッツキかストップで返るケースが多い。そうなると、相手の打球が返ってくるまでに時間的な余裕があるため、どのコースに打ってこられてもフォアハンドで対応することが可能だ。ポイントは、下回転サーブをバック前には出さないこと。相手のバックハンドからは、フリックやチキータなど攻撃的な返球もあるため、フォア前かミドル前に出してツッツキかストップでレシーブさせるのが理想だ。

下回転サーブをフォア前かミドル前に出す

戦術への理解を深める

サーブから3球目攻撃へつなげる

ねらい

Menu **030** 横回転サーブからの攻撃

難易度 ★★★★☆
回数 10分×1セット

習得できる技能
▶ 基本技術
▶ 攻撃力
▶ 守備力
▶ 戦術
▶ フットワーク
▶ テクニック

練習者：横回転サーブ

パートナー：フリック

やり方

練習者は速い横回転サーブを出し、パートナーは練習者に対してフリックで返球（コースは限定しない）。練習者は3球目の強打で厳しいコースに攻める。

▼バック側に返された場合
| 練習者 | ①横回転サーブ ③バックハンド |
| パートナー | ②フリック |

▼フォア側に返された場合
| 練習者 | ①横回転サーブ ③フォアハンド |
| パートナー | ②フリック |

バック側に返された場合

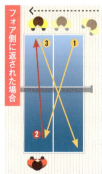
フォア側に返された場合

速いサーブでフリックを要求する

宮﨑義仁のアドバイス

サーバーとしては、サーブの打球に下回転が入らないように注意して、ボールの真横かもしくはやや上を打って速い打球のサーブを出していきましょう。速い打球を出すことによって、相手にフリックを要求していくのが目的です。そして、サーブ後は台の中央で構えることで空いたスペースを作らず、レシーバーにプレッシャーをかけていきます。サーバーは両ハンドで待ってフリックを狙い、厳しいコースに打って得点へとつなげていきましょう。

練習者：バックハンドの強打

❓ なぜ必要？

3球目攻撃のパターンを増やす

下回転サーブからの展開とは異なり、横回転サーブからの3球目攻撃では、ストップレシーブはほとんどなく、フォア・バックのどちらからでも3球目を強打することが求められる。下回転の基本展開を覚えたら、横回転にも挑戦して戦術のパターンを増やしていこう。

❗ ポイント

サーブ後は中央で待つ

横回転サーブは下回転と違い打球にスピードが出やすい。そのため、レシーバーもフリックなどの速い球で対応してくることが多く、下回転のときのようにバック側で構えていても回り込みで打つ余裕はない。そこで、横回転サーブの後は台の中央で構え、フォア側・バック側の両ハンドで強打を打てる体勢を整えよう。ただし、レシーバーもフォアでの強打を警戒するため、どちらかと言えばバック側に返球されるケースが多い。

戦術への理解を深める
サーブから3球目攻撃へつなげる

Menu 031　ナックルサーブからの攻撃

難易度 ★★★★☆
回数 10分×1セット

習得できる技能
- 基本技術
- ▶ 攻撃力
- ▶ 守備力
- ▶ 戦術
- ▶ フットワーク
- テクニック

練習者：ナックルサーブ

練習者：フォアドライブ

やり方

練習者はナックルサーブをパートナーのミドル前かフォア前に出し、パートナーは練習者に対してフリックで返球（コースは限定しない）。練習者は3球目をドライブ（フォア側の場合は飛びつき）で強打する。

練習者　①ナックルサーブ　③フォアドライブ
パートナー　②フリック

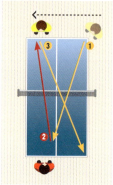

なぜ必要？

下回転サーブのアクセントになる

3球目攻撃の基本となる下回転サーブからの展開（105ページ）でも説明したように、ナックルを織り交ぜると相手のミスを誘えるほか、フリックを狙い撃ちすることも可能。下回転サーブのアクセントとして覚えよう。

フォア側に打たれる確率が高い

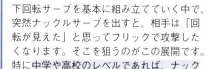
宮崎義仁の **アドバイス**

下回転サーブを基本に組み立てていく中で、突然ナックルサーブを出すと、相手は「回転が見えた」と思ってフリックで攻撃したくなります。そこを狙うのがこの展開です。特に中学や高校のレベルであれば、ナックルサーブをフリックしてくる可能性はかなり高いでしょう。また、コースもフォア側に打たれる確率が高いため、しっかりと待ち構えて飛びつき気味で強打していってください。

パートナー：フリック

⚠ ポイント
フリックを待ち構えて攻撃

フリックをオールフォア待ちで構える

ナックル（無回転）のサーブは、その名の通り打球に回転がかかっていないことから、レシーブの難易度は低い。そのため、レシーバーとしてはツッツキで遅いボールを打ってサーバーに攻撃されるよりも、フリックで攻めていきたいという心理になる。サーバーとしては、そのフリックをオールフォアで待ち構えて攻めていこう。また、ナックルサーブをフリックされてもあまり速い打球にはならないため、回り込みからフォアで打つことも可能だ。

戦術への理解を深める

サーブから3球目攻撃へつなげる

Menu **032** ハーフロングサーブからのカウンター

難易度 ★★★★★
回数 10分×1セット

習得できる技能
▶ 基本技術
▶ 攻撃力
▶ 守備力
▶ 戦術
▶ フットワーク
▶ テクニック

練習者：下回転サーブ

練習者：ドライブ

やり方

練習者は下回転サーブをハーフロング（台上で2バウンドしない程度）で、パートナーのミドル前かフォア前に出し、パートナーは練習者に対してドライブでフォア側に返球。練習者は3球目をカウンタードライブで相手のフォア側に強打する。

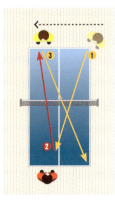

練習者 ❶下回転サーブ（ハーフロング）
❸ドライブ
パートナー ❷ドライブ

なぜ必要?

相手にわざと打たせる戦術も覚えよう

中級者以上になってくれば、相手に打たせないことばかりではなく、相手にわざと打たせる戦術も覚えていく必要がある。

相手に打たせることも考える

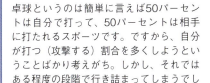
宮崎義仁の
アドバイス

卓球というのは簡単に言えば50パーセントは自分で打って、50パーセントは相手に打たれるスポーツです。ですから、自分が打つ（攻撃する）割合を多くしようということばかり考えがち。しかし、それではある程度の段階で行き詰まってしまうでしょう。このカウンタードライブを使った戦術は、中国選手などがよく使いますが、高校生以上であれば自分が攻めるばかりではなく、こうして相手に打たせることも戦術の考えの中に入れてほしいと思います。

パートナー：ドライブ

! ポイント　カウンタードライブはフォア側に

下回転サーブを台上で2バウンドしないようなハーフロングの長さで出すと、レシーバーとしてはチャンスととらえて台上のツッツキやフリックではなく、ループドライブで返球してくることが多い。サーバーは、そこを待ち構えてカウンタードライブを狙う。ただし、3球目のドライブをレシーバーのバック側に打ってしまうと、早いタイミングでのブロックで返ってくることがあるため、フォア側に打っていくことで次の球に備えよう。

戦術への理解を深める

サーブから3球目攻撃へつなげる

Menu 033 ロングサーブからの攻撃

難易度	★★★★☆
回数	10分×1セット

習得できる技能
- 基本技術
- ▶ 攻撃力
- 守備力
- ▶ 戦術
- フットワーク
- ▶ テクニック

練習者：ロングサーブ

やり方

練習者は上回転のロングサーブを、パートナーのバック前に出し、パートナーは練習者に対してコースフリーで返球。練習者は3球目をドライブで強打する。

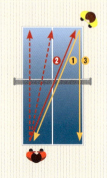

練習者　① ロングサーブ
　　　　③ ドライブ
パートナー　② コースフリーで返球

❓ なぜ必要？

サーブが単調にならないためのアクセント

下回転、もしくは横回転サーブばかり出していたのでは、いずれ相手に対応されてしまう。ときにはロングサーブを出してサーブからの攻撃にアクセントをつけよう。

サーブに合わせて待ち方を変える

宮﨑義仁のアドバイス

ロングサーブを出した場合は、サーブ自体にスピードがあるのでしっかりと対応されれば返球も自然と速い球になります。一方で、下回転サーブの場合はツッツキなどでの返球が多いため、打球のスピードも遅い。

時間的余裕のないロングサーブの場合は3球目のバックスイングをコンパクトにし、下回転サーブなどの場合はバックスイングも大きめにするなど、出したサーブに合わせて3球目の意識を変えていってください。

パートナー：バック側に返球

練習者：ドライブ

ポイント ロングサーブの前には布石を打つ

ロングサーブを読まれると、レシーブで強打される可能性が高い。避けるためには、ロングサーブを出す前に、短いサーブを相手のフォア前やミドル前に出して意識を向けておこう。不意をついて相手のバック側にロングサーブを出せれば、写真のように相手は入れてくるだけの返球になる。相手が入れてくるだけの返球になった場合、スピードは遅いのでどのコースにきてもフォアハンドの強打で対応することが望ましい。

ロングサーブで相手の不意をつく

戦術への理解を深める
レシーブから4球目攻撃へつなげる

ねらい

Menu **034** ストップからの攻撃

難易度 ★★★☆☆
回数 10分×1セット

習得できる技能
- 基本技術
- 攻撃力
- 守備力
- 戦術
- フットワーク
- テクニック

パートナー：下回転サーブ

パートナー：ストップ

やり方

パートナーは練習者のフォア前かミドル前に下回転の短いサーブを出す。練習者はストップで返球し、パートナーもストップで返す。練習者は4球目でバックハンドスマッシュをクロスに打つ。

練習者 ❷ストップ
❹バックハンドスマッシュ
パートナー ❶下回転サーブ
❸ストップ

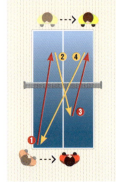

なぜ必要？

4球目攻撃の基本パターン

下回転サーブに対するストップは、3球目攻撃のところでも説明したように基本的な展開となる。レシーバーとしては4球目攻撃につなげられるように対応を覚えていこう。

4球目攻撃はいいレシーブから

宮﨑義仁の アドバイス

相手がいいサーブを打ってきた場合、4球目攻撃につなげるのはなかなか難しいものです。ですから、レシーブがすごく重要になります。相手に打たせないレシーブができて、はじめて4球目攻撃ができる状況になる。また、相手に打たせないためには、一般的にシェークハンドの選手が苦手とするフォア前かミドル前にレシーブを打つことも重要です。4球目攻撃の展開は、ほとんどが相手のフォア前かミドル前にレシーブすることからはじまります。

練習者：ストップ

練習者：バックハンドスマッシュ

ポイント　ストップを短く打って4球目につなげる

Menu029で説明したように、下回転サーブを打たれた場合には、レシーブはストップかツッツキでの対応が基本となる。そこで、ツッツキで長く返してしまうと、サーバーに3球目攻撃を仕掛けられてしまうため、4球目攻撃へとつなげるためには、より短いストップを打つ必要がある。2球目で短くストップを打てれば、相手もストップで返球してくる可能性があるため、4球目のバックハンドスマッシュにつなげていこう。

戦術への理解を深める
レシーブから4球目攻撃へつなげる

Menu **035** フリックからの攻撃

難易度	★★★★★
回数	10分×1セット

習得できる技能
▶ 基本技術
▶ 攻撃力
▶ 守備力
▶ 戦術
▶ フットワーク
▶ テクニック

パートナー：横回転サーブ

パートナー：甘い球を返球

やり方

パートナーは横回転サーブを練習者のフォア側に打ち、練習者は逆モーションを使ったフリックレシーブでパートナーのバック側へ返球。パートナーの返球が甘くなったところをフォアで強打する。

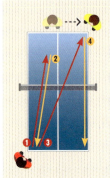

練習者
❷ フリック
❹ フォアドライブ

パートナー
❶ 横回転サーブ
❸ 甘い球を返球

❓ なぜ必要？

1点が欲しい場面の奥の手

逆モーションを使った展開は頻繁に行っていたのでは相手に読まれてしまう。普段は逆のコースを意識させておき、布石を打ったうえで1点が欲しい場面で使える。

逆モーションで相手の不意を突く

宮﨑義仁の アドバイス

写真の3枚目は通常のフォアに払うようなフリックの形ですが、4枚目では顔を横に向け、ラケットの面も外に開いたままで相手のバック側に打っています。こうした相手の逆を突く"逆モーション"をとることで、相手は予想外にバック側に打たれたため、3球目を強く打てていません。この3球目を狙って4球目攻撃へとつなげてください。ただし、この展開を多用すると警戒されてしまうので、普段はフォアを意識させておいて、どうしても1本が欲しい場面などで使用しましょう。

練習者：逆モーションからフリック

練習者：フォアで強打

ポイント 相手の逆を突くレシーブも必要

横回転のサーブは、下回転よりも打球にスピードが出るため、Menu030でも説明したようにレシーバーはフリックで対応することが多い。しかし、素直にクロス（相手のフォア側）に打っていたのでは、フォアを待たれて3球目攻撃をされてしまう。時には逆モーションを入れて相手のバック側を攻めるなどして4球目攻撃へとつなげていくことも大切だ。レシーブからの展開が単調にならないためにも、こうしたアクセントを入れていこう。

相手のフォア側へ打つと見せてバック側へ

戦術への理解を深める
レシーブから4球目攻撃へつなげる

Menu 036 相手に打たせてから攻撃に転じる

難易度 ★★★★☆
回数 10分×1セット

習得できる技能
▶ 攻撃力
▶ 守備力
▶ 戦術
▶ フットワーク
▶ テクニック

パターン1

パートナー：下回転サーブ / 練習者：ツッツキ

パートナー：フォアドライブ / 練習者：カウンターブロック

やり方

パターン1：カウンターブロック

パートナーは下回転サーブを相手のフォア前（ミドル前）に出し、練習者は長いツッツキを相手のバック側に返球。パートナーは回り込みからフォアドライブを練習者のバック側に打つ。練習者はブロックをフォア側に打ってカウンターで決める。

パターン2：カウンタードライブ

2球目まではパターン1と同じ展開。パートナーは3球目で、回り込みからフォアドライブを練習者のフォア側に打つ。練習者はフォアドライブをクロスに打って決める。

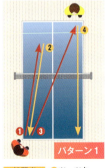

パターン1

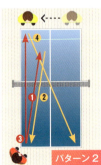

パターン2

練習者: ❷ツッツキ ❹ブロック
パートナー: ❶下回転サーブ ❸フォアドライブ

練習者: ❷ツッツキ ❹フォアドライブ
パートナー: ❶下回転サーブ ❸フォアドライブ

常に完璧なレシーブはできない

宮﨑義仁の アドバイス

サーブというのは打つ側の1球目攻撃ですから、基本的には処理の難しい球がきます。ですから、常に完璧にレシーブすることはできません。相手サーブの威力が低ければストップから4球目攻撃に移れますが、いいサーブがきたらフリックで払っていくしかない。さらに難しいサーブがきたら相手に打たせることを考えなければいけません。レシーバーとしては、この「相手に打たせる」という選択肢を持てるようにしていきましょう。

パターン2

パートナー：下回転サーブ ／ 練習者：ツッツキ

パートナー：フォアドライブ ／ 練習者：カウンタードライブ

❓ なぜ必要？
レシーブが苦手でもできる

レシーブが苦手な人は、下回転サーブに対してのストップがミスになりがち。長いツッツキを打てば相手を下げて時間と距離をかせげるので、ラリーにつなげることができる。

❗ ポイント 長いツッツキで相手の強打を誘う

Menu032 ハーフロングサーブからのカウンターでは、台から少し出るようなサーブを打って相手にループドライブを打たせて次を強打したが、レシーブでツッツキを長く打つ場合も、相手はしっかりと強打してくるようになる。そこを待ち構えてカウンターで決める4球目攻撃の展開例。レシーバーとしては長いツッツキを打った後、パターン1・2のどちらの展開にも備え、台の中央で構えてフォア・バック両方で打てるように待っておこう。

フォア・バック両方で打てるように待つ

戦術への理解を深める

不利な状況を立て直す

Menu **037** 横を擦るブロック

難易度	★★★★★
回数	10分×1セット

習得できる技能
▶ 基本戦術
▶ 攻撃力
▶ 守備力
▶ 戦術
▶ フットワーク
▶ テクニック

パートナー：サーブ（フォア前）

練習者：クロスに長いツッツキ

パートナー：ストレートに強打

練習者：横を擦るブロック

やり方

パートナーは練習者のフォア前にサーブを出し、練習者はパートナーのフォア側にツッツキで返球。ストレートに強打されたところを、練習者は横を擦るブロックで返す。

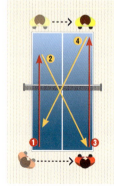

練習者
② ツッツキ
④ 横を擦るブロック

パートナー
❶ フォア前にサーブ
❸ フォアで強打

❓ なぜ必要？

試合ではさまざまな対応が求められる

難易度の高いショットと展開のため、上級者向けではあるものの、試合ではさまざまな球への対応が必要になる。初心者もこうした展開があると覚えておこう。

反発の弱い回転軸を打つ

宮崎義仁のアドバイス

下の連続写真を見るとわかるように、ラケットを斜めに出しています。これは、前進回転の掛かっているボールに対して（左の展開ではドライブを打たれている）、真正面からラケットを当てると反発が強いためです。ボールが真っ直ぐ前進回転をしている場合、ボールの真横（回転軸）を打てば回転の影響はほとんど受けないため、ラケットを斜めに出して、上から下へ切るように打ちましょう。下回転が強くかかるので、このブロックが入れば決定球となる可能性も高まります。

● 横を擦るブロック

ラケットを斜めに出し、ボールに掛かっている回転の回転軸を打つようにボールの側面を上から下へ擦っていく。

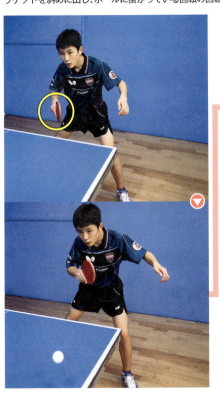

！ポイント　ピンチに役立つ応用技術

フォア前にきたサーブを相手のフォア側にツッツキで返球し、相手に３球目攻撃のチャンスを与えているため、展開としてはあまりいい例ではない。さらに、フォアから打っているため、３球目でストレートに強打されるとなかなか反応するのは難しい。こうした状況を打開するために、フォアで構えている状態からバックハンドで横を擦るブロックを打つ。すると下回転が強くかかるため、うまく入れば相手がツッツキで返してきたところを攻撃に移れる。

戦術への理解を深める

ねらい 攻撃的守備を身につける

Menu 038 相手のミスを誘うブロック

難易度 ★★★★☆
回数 10分 × 1セット

習得できる技能
▶ 基本技術
▶ 攻撃力
▶ 守備力
▶ 戦術
▶ フットワーク
▶ テクニック

クロスにドライブ

ブロックでクロスに返球

パートナーは再びドライブ

やり方

パートナーはバック側からフォアハンドでクロスにドライブを打つ。練習者はボールの上を擦るブロックでパートナーに返球。これを繰り返す。

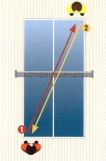

練習者 ❷ブロック
パートナー ❶ドライブ

❓ なぜ必要？

不利な状況からでも攻める

自分が攻められている状況の中からでも、攻撃に転じる術を身につければ試合を有利に運べる。

手元で伸びてミスを誘える

宮﨑義仁の **アドバイス**

通常、ブロックというのはボールを上から押さえるようにして打球を止めます。フットワーク練習など、ここまでに紹介した練習メニューの中にもパートナーがブロックで返球することが多くあるように、通常のブロックは打った後に球速が落ちるため（コースを加味しなければ）打ちやすい球です。しかし、下から上へボールを擦るようにして打つブロックは、前進回転がかかって相手の手元で打球がグッと伸びるため、ミスを誘える球といえるでしょう。

● ボールの上を擦るブロック

打球を上から押さえるのではなく、下から上に擦って少し回転をかけることで相手の手元で伸びる打球になる。

⚠ ポイント　ブロックのミスに注意！

練習自体は単純で、パートナーは練習者に対してドライブを打ち、練習者はそれに対して上を擦るブロックでパートナーに向けて返球し続ける。ブロックは基本的に相手のエースショットを返球することに使われるため、パートナーはできるだけ強打することを心がけよう。また、ボールの上を擦るブロックは打つ側もミスになりやすいため、ミスをせずにラリーを続けられるようにしていこう。

戦術への理解を深める
レシーブから4球目攻撃へつなげる

Menu 039　チキータからの攻撃

難易度 ★★★★☆
回数 10分×1セット

習得できる技能
▶ 基本技術
▶ 攻撃力
▶ 守備力
▶ 戦術
▶ フットワーク
▶ テクニック

パートナー：横回転サーブ

パートナー：バック側へ攻撃

やり方

パターン1：バックハンド
パートナーは横回転か下回転サーブを練習者のミドル前に出す。練習者はチキータをパートナーのバック側へ打ち、3球目でパートナーは練習者のバック側を攻める。練習者はバック側で待っておいて強打する。

パターン2：回り込みフォアハンド
3球目まではパターン1と同じ展開。4球目で練習者は、パートナーの3球目が遅いと判断したら、回り込みからフォアハンドで強打する。

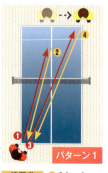

パターン1

練習者	❷チキータ ❹バックドライブ
パートナー	❶横 or 下回転サーブ ❸バックハンド

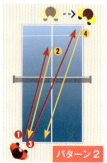

パターン2

練習者	❷チキータ ❹回り込みドライブ
パートナー	❶横 or 下回転サーブ ❸バックハンド

ポイント1　チキータの回転を理解しよう

チキータを用いた基本的な展開。レシーバーが2球目でチキータを打った後は、**チキータに掛かる回転（左側を擦る右横回転）から、3球目がバック側に返ってくることが多い**。そのため、レシーバーはあらかじめバック側を警戒しておき、4球目で攻撃をしていこう。また、4球目攻撃は写真では相手のバック側を攻めているが、パターン2の図のようにミドルや、1発で決めようと思ったらフォア側を攻めるなど、状況に応じて打ち分けるとよい。

練習者：チキータ

練習者：コースフリーで強打

? なぜ必要?

2球目で攻撃に転じていく

サーブは1球目の攻撃と言われるように、サーバーは攻撃、レシーバーは守備の形になることが多い。しかし、チキータはレシーブから攻撃できる技術なので、パターンに取り入れよう。

ポイント2　回り込みも有効打に

チキータの後はバック側に返ってくる可能性が高いため、あらかじめバック側を張っておいて、相手の打球が遅いと判断したら回り込みからフォアハンドで強打するのも効果的だ。

Point! 相手の3球目が遅いと判断したら、回り込みから攻めていこう

チキータ

チキータの違いは回転のかけ方（91ページ）だけではない。
回転によってスピードも変わってくるので、打球速度の違いによっても
状況に応じて打ち分けてみよう！

●速いチキータ

主に上回転系の回転をかけたチキータ。ボールを後ろから前に向かって擦るイメージで
前進回転をかけて打つことで、打球速度が速いチキータになる。

Point!
ボールの後ろ側をとらえて前に向かって擦るイメージ

バックハンドで素早く備える

前進回転の掛かっている速いチキータを打った場合、相手が合わせるだけで返球してきても速い打球が返ってくることになる。そのため、チキータを打った後に次の球へ備えるための時間的な余裕が少なく、4球目をバックハンドで対応することが多い。

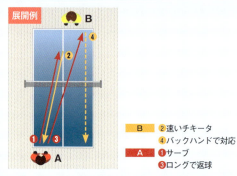

展開例

B ②速いチキータ
　 ④バックハンドで対応
A ①サーブ
　 ③ロングで返球

●遅いチキータ

下回転の球に対してチキータを打つ場合、回転軸（ボールの真横）を擦るようなイメージで、横回転系の回転をかけて打つことが多く、その場合は打球速度がやや遅くなる。

Point!
下回転に対しては、ボールの横を擦るように打つイメージ

フォアハンドで対応可能

横回転系の遅いチキータを打った場合は、相手も速い球を返そうとするとミスになるため、回転に対して角度を合わせて遅い球で返球してくることが多い。速いチキータとは違い、チキータを打った後に回り込む時間があるので、フォアハンドでの対応も可能になる。

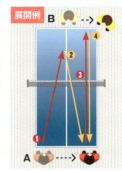

展開例

B ② 遅いチキータ
④ 回り込みフォアハンド
A ① サーブ
③ 遅い球で返球

戦術への理解を深める
下がった展開を打開する

難易度	★★★★☆
回数	10分×1セット

習得できる技能
- ▶ 基本技術
- ▶ 攻撃力
- ▶ 守備力
- ▶ 戦術
- ▶ フットワーク
- ▶ テクニック

Menu 040　カーブドライブで崩す

2人とも台から離れてドライブ対ドライブのラリー

パートナー：飛びつきで返球

やり方

練習者とパートナーが2人とも台から離れてドライブ対ドライブのラリーをしている状況。そこから、練習者は台のサイドを切るようにカーブドライブを打ち、パートナーは飛びつきで返球。練習者は素早く前に詰めてバックハンドスマッシュを空いているコースに打つ。

- 練習者&パートナー ❶ドライブ対ドライブのラリー
- 練習者 ❷カーブドライブ / ❹バックハンドスマッシュ
- パートナー ❸飛びつきで返球

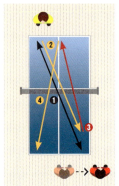

❓ なぜ必要？

男子選手に多い展開

台から離れてラリーをする展開は、男子選手にはよくあるため、対応できるように練習しておこう。

カーブドライブでミスを誘う

お互いが台から下がってラリーをしている状況では、まずコースを突いた強打で相手を抜こうとします。それが決まらないと、ドライブ回転をかけてミスを誘うようになる。その中でカーブドライブという違う種類の回転を入れることで、相手をコートサイドへ移動させてミスを誘うのがこの展開です。下の写真では、最後はバックハンドスマッシュを打っていますが、相手をサイドへ動かすことができていれば、台に入れるだけでも決まります。

練習者：カーブドライブ

Point!
台のサイドを切るようにコースを狙う

練習者：前に詰めてバックハンドスマッシュ

Level UP!
浅いループドライブ

台から離れた展開ではないが、ドライブで相手を崩すパターンとして有効なショットが浅いループドライブだ。台上で2バウンドするようなドライブを低い軌道で打つと、攻めあぐねた相手のミスを誘える。

Point!
ネットギリギリを越えるような低い軌道で打つ

129

戦術への理解を深める

下がった展開を打開する

ねらい

難易度	★★★★★
回数	10分×1セット

習得できる技能
▶ 基本技術
▶ 攻撃力
▶ 守備力
▶ 戦術
▶ フットワーク
▶ テクニック

Menu 041 フィッシングから攻撃に転換

パートナーは攻撃、練習者はフィッシング

練習者：フィッシングで攻撃をしのぐ

相手に強打がないと判断したら素早く回り込む

やり方

練習者とパートナーが2人とも台から離れた状態で、パートナーは攻撃を続けて、練習者はフィッシングで守る。練習者はパートナーのバック側にフィッシングを打つ中で、強打がこないと判断したら、回り込んでフォアドライブで攻撃する。

練習者
❷ フィッシング
❹ 回り込みフォア

パートナー
❶ フォアハンドで強打
❸ フォアハンドで返球

＊①②を何本か続けた後に③④へ移行

なぜ必要？

男子特有の展開を打開する

Menu040と同様に台から下がった展開を打開する方法を身につけるため。難易度は高いので、上達してきたらこうした展開にも対処できるようになろう。

コース取りで相手を揺さぶる

宮﨑義仁のアドバイス

単純にバック側へのフィッシングを続けているだけでは、相手に攻撃され続けてしまいます。そこで、下の写真にはありませんが、バック側へのフィッシングの前に一度、フォア側へ打って相手を揺さぶるなどしていきましょう。その後でバック側へ深くフィッシングを打ったら、相手も強打はしにくいので、すかさず回り込んでフォアハンドで攻撃していってください。相手を揺さぶるコース取りが大事になります。

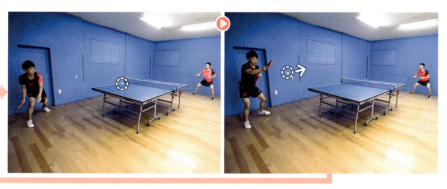

練習者：回り込みからフォアハンドで強打

！ポイント　低い軌道のフィッシングで攻撃をしのぐ

88-89ページでも説明したように、台から離れた状況で相手の強打を高い軌道で返すのがロビング、低い軌道で返すのがフィッシング。相手に強打されることを前提としたロビングに対して、フィッシングはできるだけフルスイングをさせないように低く打とう。相手を左右に揺さぶるなどして攻撃をしのぎながら、フィッシングを相手のバック側深くに打てた場合、強打されなかったら素早く回り込んでフォアハンドで攻撃に転じていく。

戦術への理解を深める
ストップ対ストップから仕掛ける

Menu 042 バック前から台上スマッシュ

難易度 ★★★★☆
回数 10分×1セット

習得できる技能
- 戦術

練習者かパートナーのどちらかがサーブ

ストップが浮いたら素早く判断

やり方

練習者Aが練習者Bのフォア前に、練習者Bは練習者Aのバック前に向けてストップを打つ。練習者AとBは相手のストップが浮いたら、台上スマッシュを打つ。

練習者A&B
❶ストップ対ストップ
❷台上スマッシュ

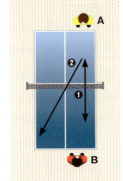

？なぜ必要？

ストップの技術向上にも役立つ

ストップ対ストップの展開から攻撃に転じるパターン練習だが、ストップを浮かないように続けるだけでも難しい。まずは正確なストップを続けられるようになろう。

ストップの前提はフォア前

下の写真ではバック前へのストップが浮いたために、台上スマッシュで攻められています。ストップ対ストップの状況では、浮かない球を打つことはもちろんですが、攻撃されないためにも台上でのフリックなどが打ちやすい相手のバック前より、フォア前に落とすことを意識しましょう。

宮﨑義仁の アドバイス

ストップ対ストップでラリー

台上バックハンドスマッシュ

⚠ ポイント　ストップが浮いたら素早く攻撃

Menu034でストップ対ストップから攻撃を仕掛ける展開を紹介したが、Menu042はストップの練習も含めたメニューのため、ストップの回数を定めていない。ストップ対ストップの状況では少しでもボールが浮けば、お互いに攻められる可能性があるため、まずは正確にストップを続けられるように心がけよう。どちらが練習者とは決めずにストップの球が浮いたら素早く攻撃に転じよう。

浮いたら台上で素早く攻撃に転じる

戦術への理解を深める
ストップ対ストップから仕掛ける

Menu 043　フォア前からフリック

難易度 ★★★★☆
回数 10分×1セット

習得できる技能
- 攻撃技術
- 攻撃力
- 守備力
- ▶ 戦術
- フットワーク
- テクニック

やり方

練習者とパートナーがお互いにフォア前へストップを打ち合い、ストップが浮いたところをフォアフリックで攻撃する。

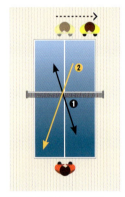

練習者&パートナー ❶ストップ対ストップ
練習者 ❷フォアフリック

ストップ対ストップ

回り込んでフォアフリック

なぜ必要？
フォア前からの攻撃手段

ストップ対ストップの状況で、必ず打ちやすいバック前に打球が浮くとは限らない。フォア前からでも攻撃できるようにしていこう。

ポイント　フォア前にきた球も攻撃

Menu042ではパートナーのストップが攻撃しやすいバック側であったため、台上スマッシュで攻撃ができた。ただし、バック側に打てば攻撃されるという意識があるため、基本は打たれにくいフォア前にストップがくることが多い。そこで、フォア前の浮いた球や甘いコースにきた球に対しても、攻撃していけるようにしよう。

戦術への理解を深める

カウンター攻撃を仕掛ける

ねらい

難易度 ★★★★★
回数 10分×1セット

習得できる技能
▶ 攻撃力
▶ 戦術
▶ テクニック

Menu 044 ストップに対するカウンター

やり方

練習者はパートナーのミドル前に下回転サーブを出し、パートナーはストップを練習者のフォア前に。練習者は長いツッツキで返球したら、パートナーが打ったドライブをカウンターで強打する。

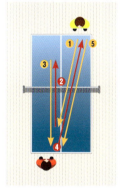

練習者 ①下回転サーブ ③長いツッツキ ⑤カウンタードライブ
パートナー ②ストップ ④ドライブ

3球目でわざと長いツッツキを打って相手に攻撃させる

相手の攻撃を待ってカウンタードライブ

❓ なぜ必要？

トップ選手も使う攻撃パターン

カウンターで攻撃を仕掛けるため、難易度は高くなる。しかし、トップ選手もこのパターンを練習するなど、非常に有効な展開だ。

❗ ポイント 卓球選手の癖を利用する

ストップ対ストップを想定している中で、長めにツッツキなどを打てば相手は反射的に攻撃を仕掛けてくるケースが多い。それを利用してカウンターで攻撃をしていく展開になる。ストップに対してはストップでの返球が基本となるが、こうしてわざと相手に打たせる展開も覚えておくと、試合の中でアクセントをつけることができる。

戦術への理解を深める
カウンター攻撃を仕掛ける（ねらい）

Menu 045 相手の3球目攻撃をカウンター

難易度 ★★★★★
回数 10分×1セット

習得できる技能
▶ 基本技術
▶ 攻撃力
▶ 守備力
▶ 戦術
▶ フットワーク
▶ テクニック

パターン1

パートナー：下回転サーブ ／ 練習者：長めのツッツキでレシーブ

パートナー：フォアドライブ ／ 練習者：バックハンドブロック

やり方

パターン1：バックハンドブロック
パートナーは練習者のミドル前に下回転サーブを出し、練習者は長めのツッツキをパートナーのバック側に返球。パートナーが回り込みからフォアハンドで強打してきたところを、バックハンドブロックでカウンターを取る。

パターン2：フォアドライブ
2球目までの展開はパターン1と同じ。3球目でパートナーがミドルにドライブを打ってきたところを、練習者はフォアドライブをクロスに打ってカウンターを取る。

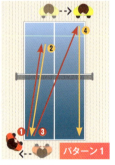

パターン1

練習者　❷ツッツキ　❹バックハンドブロック
パートナー　❶下回転サーブ　❸フォアドライブ

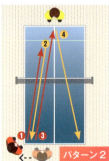

パターン2

練習者　❷ツッツキ　❹フォアドライブ
パートナー　❶下回転サーブ　❸フォアドライブ

相手に打ち返す暇を与えない

宮崎義仁のアドバイス

パターン1のカウンターブロックは、通常の強打を止めるだけのブロックではなく、相手側に押し込むイメージで打ちましょう。相手の強打を利用して速い打球を返していきます。ただ止めるだけのブロックでは、相手に返されてしまう可能性もあります。

また、パターン2の4球目、フォアドライブも合わせるだけではなくしっかりとボールを擦ってください。カウンターでは相手に打ち返す暇を与えないように強い球を打つことが重要です。

パターン2
パートナー：下回転サーブ　　　練習者：長めのツッツキ

パートナー：フォアドライブ　　　練習者：フォアドライブでカウンター

⚠ ポイント 相手に回り込ませるコース取り

パターン1はレシーブで長めのツッツキを打つことで相手に回り込みをさせてカウンターを狙う戦術。このツッツキをバック側に打たなければ相手は回り込まず、ブロックでのカウンターも相手が回り込むことを前提としているため、相手のフォア側に限定される。コースをしっかりと狙って打っていこう。また、パターン2も同様で相手の回り込みからの強打を誘い、フォアドライブをクロスに打ってカウンターを狙っていく。

長めのツッツキで相手に回り込ませる

戦術への理解を深める

カウンター攻撃を仕掛ける（ねらい）

Menu 046 相手の4球目攻撃をカウンター

難易度 ★★★★★
回数 10分×1セット

習得できる技能
▶ 基本技術
▶ 攻撃力
▶ 守備力
▶ 戦術
▶ フットワーク
▶ テクニック

練習者：横回転サーブ

パートナー：フォアハンドで強打

やり方

練習者は横回転サーブをバック前に出し、パートナーはバックハンドフリックでクロスに返球する。3球目で練習者はバックハンドをミドルに打ち、パートナーがフォア側へ打ってきたところをカウンターでクロスに強打する。

練習者 ❶横回転サーブ ❸バックハンド ❺フォアドライブ
パートナー ❷バックハンドフリック ❹フォアドライブ

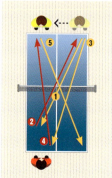

なぜ必要？

5球目までの展開を考える

試合になれば必要となってくる3球目攻撃や4球目攻撃。中級者以上になってくれば、さらに先の5球目くらいまでは考えられるようになろう。

5球目までが練習で覚える展開

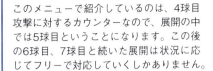
宮崎義仁の **アドバイス**

このメニューで紹介しているのは、4球目攻撃に対するカウンターなので、展開の中では5球目ということになります。この後の6球目、7球目と続いた展開は状況に応じてフリーで対応していくしかありません。

まずは3球目、4球目までの展開を覚えて、中級者以上になれば、練習の中で5球目くらいまでをできるようにしていくといいでしょう。

パートナー：バックハンドフリック

練習者：バックハンドで返球

練習者：フォアクロスにカウンター

⚠ ポイント

フォアへ打たせる展開に持ち込む

相手の4球目攻撃を狙ってカウンターを打つこの展開では、**3球目でフリックレシーブに対してミドルに早いタイミングで返球する**ことが重要になる。素早くミドルに打って相手にフォアで打たせよう。相手の体は正面を向いているためフォアからでは、バック側を狙われる可能性が低い。そこでフォア側を張っておいてカウンターを仕掛けていきたい。

早いタイミングでミドルに返球

戦術への理解を深める
得意パターンを作る

Menu 047 得意パターンを作る多球練習

難易度	★★★★☆
回数	20球×5セット

習得できる技能
- ▶ 基本技術
- ▶ 攻撃力
- ▶ 守備力
- ▶ 戦術
- ▶ フットワーク
- ▶ テクニック

パートナー：下回転で短く球出し

練習者：チキータ

パートナー：バック側に球出し

練習者：回り込みフォア

やり方

パターン1：回り込みフォア
パートナーは多球形式でフォア前、バック側の順に球出しをする。練習者はフォア前からチキータを打った後、バック側で素早く回り込んでフォアドライブを打つ。

パターン2：ダブルストップ
パートナーは多球形式でフォア前に球出しをした後、返ってきた球をフリックでバック側に打つ。練習者はストップを打った後、4球目をバックハンドでカウンター。

パターン1
- パートナー：❶下回転　❸バック側に上回転
- 練習者：❷チキータ　❹フォアドライブ

パターン2
- パートナー：❶下回転　❸フリック
- 練習者：❷ストップ　❹バックハンドカウンター

多球練習で効率よく取り組む

宮崎義仁の **アドバイス**

戦術のパターン練習中にミスが多いようであれば、ここまでに紹介した展開を多球練習でやってみてください。パターン練習では、サーブミスやレシーブミスがあれば、なかなか最後まで続かず、最初からやり直しということも少なくありません。しかし、多球練習であれば、すぐに次の球を出せますからお互いにミスを気にすることなく、効率よく回数をこなすことができます。まずは動きを体に覚えさせるためにも多球練習がオススメです。

パターン2
パートナー：下回転で短く球出し
練習者：ストップ
パートナー：フリックでバック側に配球
練習者：バックハンドでカウンター

! ポイント　難しい戦術も多球練習ならやりやすい

パターン1では、右足を踏み込んでチキータを打った後、素早く回り込みに移行していくために、踏み込んだ右足で床を蹴るイメージで戻りを早くする意識を持とう。パターン2のダブルストップからの展開は、ナショナルチームなどでよく取り組まれるパターンだ。相手に打たせることを考えた展開はパターン練習で行うと難しいが、多球練習であれば難易度を下げて取り組むことができる。高校生くらいであれば積極的に取り組んでみよう。

チキータからの回り込み

column

適した用具を使えば実力が上がる

　卓球において用具選びはとても大切ですが、誤った認識をされている方も少なくありません。よく飛ぶラケットやラバーがいいと思っている人が多いのですが、それは誤解です。もちろん戦型によって合っている人もいるのですが、例えば前陣速攻型のような台の近くで戦う選手にとっては、よく飛ぶ用具というのはミスの要因になる。むしろ飛びを抑えたラケットやラバーのほうが合っています。

　それ以外でも、戦型や自分の用いる戦術によって回転がかかるほうがいいのか、抑えるほうがいいのかなども考慮する必要があり、そうしたことを含めて用具を選んでいきましょう。とはいっても、なかなか頻繁に買いかえるというのは難しいでしょうから、友だちのラケットなどを借りて試してみながら判断してください。

　用具というのは、卓球の長い歴史の中で要望した選手がいたからこそできあがっているものです。攻撃マンとカットマンの選手で異なる用具を使うのは、それぞれの選手が要望してきたからこそ。自分に合った用具を使えば、卓球の実力を上げることができます。

　また、技術の成長に合わせて用具もかえていかなければいけません。パワーがついてスイングが速くなれば、飛ぶことよりも回転を重視したものを選ぶなど、その時々で自分に合った用具を見つけましょう。用具の変更は新しい技術を覚えるのと同じくらい重要なことなのです。

第6章
カットマン対策を身につける

大会に出場すればカットマンと対戦する機会もあります。
そこで、何の対策もなしに挑んでは勝負ができません。
対応するための技術と展開を学んでいきましょう。

カットマン対策を身につける

連続写真でカットを学ぶ
ねらい

後陣から鋭い下回転をかけて返球するカット。まずはカットがどのようなショットなのかを知って、しっかりとカット対策に役立てよう。

フォア

Point! 後陣まで下がり、相手のショットに対して備える

Point! タイミングを計りながら、しっかりと打球を引きつける

Point! 腰の高さでとらえて、ボールの下を切るように打つ

高い位置からラケットを振り下ろす

宮﨑義仁の **アドバイス**

カットはバックスイングでラケットを頭の高さ以上に上げて、高い位置から振り下ろしていくのが理想です。低い位置からいくらラケットを強く振っても、ボールにはあまり回転がかかりません。カットには、相手のドライブなど強い上回転の打球に対しても、それをしのぐくらいの回転量が必要になるので、バックスイングは高い位置に取りましょう。そして、フォアもバックも前ではなく下に向かってラケットを振り下ろすようなイメージのスイングから打っていきましょう。

Point! バックスイングでラケットを頭の上まで上げる

Point! 腰の高さでボールをとらえるようにし、上から下へスイング

Point! ボールの下を切るように打ってフォロースルー

バック

Point! ラケットを頭より上に上げて、上から下へ向けてスイングする

Point! 後陣まで下がってタイミングを計りながらバックスイングを開始

カットマン対策を身につける

連続写真でカット打ちを学ぶ

カットマン対策の要となるカット打ち。打ち方だけではなく、軌道も重要になってくるので、しっかりと理論を理解しよう。

横から　カット打ち（フォア）

Point! カットの軌道をしっかりと見て体勢を整える

Point! ラケットを下に引くようにしてバックスイングを取る

打球の頂点を手前にする

右図を見てもらうとわかるように、ネットの相手側に打球の頂点がくるドライブ（A）などとは異なり、カット打ちはネットの自分側に頂点がくるような軌道（B）を意識して打つことが大事です。そうすると、ボールが台上で2バウンドするような打球になり、カットマンは前に出てこなければならなくなる。左右への揺さぶりに強いカットマンも、前後に揺さぶられることは苦手ですから、回転だけではなく軌道を意識した打ち方が非常に大切になってきます。

ポイント　カットマンを前に誘い出す

後陣に位置したカットマンを相手に、いくら強打を左右に打ち分けてもカットマンにとって脅威にはならない。左右への動きは対応しやすく、腰も入りやすいためカットを続けて打つことが可能だからだ。カットに対しては、下から上に擦るようにして前進回転をかけて打つ"カット打ち"で、軌道を意識しながら（イラスト参照）カットマンを前に誘い出すように打っていこう。甘く返ってきた球に対してスマッシュなどの強打を返し、前後に揺さぶる展開に持っていきたい。

Point! 下から上にスイングしていくイメージでボールをとらえる

Point! ボールに前進回転をかけるが、打球速度は遅くてもOK

宮﨑義仁のアドバイス

カット打ちとドライブの軌道

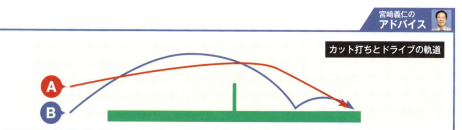

カットマン対策を身につける

カットマンを前後に揺さぶる

難易度 ★★★★★
回数 5分×1セット

習得できる技能
▶ 基本技術
▶ 攻撃力
▶ 守備力
▶ 戦術
▶ フットワーク
▶ テクニック

Menu 048 カットをツッツキで返球

パートナー：後陣からカットを打つ

パートナー：前に出てツッツキを返す

やり方

パートナーは練習者のフォア側にカットを打ち、練習者はツッツキで返球。パートナーが前に出てツッツキで返球してきたところをドライブで攻撃する。

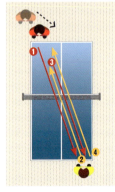

パートナー ❶フォアカット ❸ツッツキ
練習者 ❷ツッツキ ❹ドライブ

なぜ必要？

カット対策の基礎

カットマンは基本的に前後に揺さぶられるのを苦手とする。カットに対していきなりカット打ちをやろうとはせず、まずはツッツキで返す基礎的な対策を身につけよう。

下がりながらのカットは難しい

宮﨑義仁の アドバイス

後陣でカットを打った相手をツッツキで前に引き寄せましょう。これがカットマンに対する基本的な戦術になります。たとえ相手に再びカットを打たれて攻撃までつなげられなかったとしても、後ろに下がりながらカットを打つのは難しく、安定しません。カットマンのミスを誘うことができます。

練習者：ツッツキで返球

練習者：ドライブで強打

! ポイント
ツッツキで前後へ動かす

カットマンへの対策として有効なのが、前後へ揺さぶること。その初歩としてだれにでも取り組みやすいのがツッツキでの返球だ。相手が打ったカットに対して、ツッツキで返球することでカットマンを前に出させよう。そして、相手が慌てて返してきたところをドライブなどの強打で攻撃するパターンが、カットマン対策の基本となる。カットマンが多い中学生の大会でも対策として取り入れやすい。

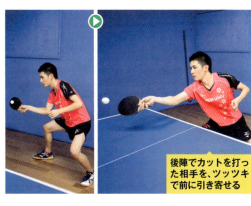

後陣でカットを打った相手を、ツッツキで前に引き寄せる

カットマン対策を身につける

強い回転でカットのミスを誘う

Menu **049** ドライブからのスマッシュ攻撃

難易度 ★★★☆☆
回数 5分×1セット

習得できる技能
▶ 攻撃力
▶ 守備力
▶ 戦術
▶ フットワーク
▶ テクニック

パートナー：後陣からカットを打つ

パートナー：カットを少し高めに返球

やり方

パートナーは練習者のフォア側にカットを打ち、練習者はループドライブで返球。パートナーがフォア側へ甘く返球してきたところをスマッシュで攻撃する。

パートナー ❶フォアカット
❸フォアカット（高めに）
練習者 ❷ループドライブ
❹スマッシュ

？ なぜ必要？

中学生の女子選手に多い展開

スマッシュをよく使う女子選手の中でも、中学生くらいでよく使われるカット対策。難易度が高くないので取り入れやすい。

ドライブとスマッシュの打点の違い

宮崎義仁の アドバイス

この展開では、練習者はドライブからスマッシュを続けて打つことになります。そこで注意したいのが打点の違い。ループドライブは少し打点を落として打つのに対して、スマッシュでは打球の頂点を打たなければミスになってしまいます。スマッシュ時のバックスイングを少し高めに引く意識を持って、ミスを減らしていきましょう。

練習者：ドライブ（ループ）で返球

練習者：スマッシュで強打

Tactics

高めに浮いたカットをスマッシュ

これもMenu048に続いて、カット対策としては基本的な展開となる。カットに対して、ループドライブなど強い回転の掛かったショットで返球した場合、次のカットが高めに浮いてくることがある。その球を見逃さずにスマッシュで攻撃していこう。難易度も低く、スマッシュで攻撃する展開なので、中学生くらいの女子選手はぜひ覚えてほしい。

▶**ループドライブとスマッシュの打点**：写真上がループドライブ、下がスマッシュの打点。打球の頂点を打つスマッシュのほうが打点が高い

カットマン対策を身につける

ミドル攻撃でミスを誘う

ねらい

難易度 ★★★☆☆
回数 5分×1セット

習得できる技能
▶ 攻撃力
▶ 守備力
▶ 戦術
▶ フットワーク
▶ テクニック

Menu 050 カットマンに対するミドル攻撃

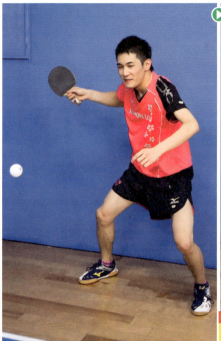
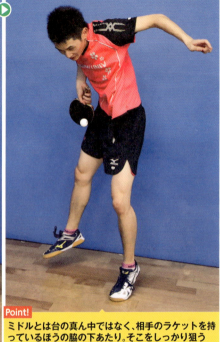

Point!
ミドルとは台の真ん中ではなく、相手のラケットを持っているほうの脇の下あたり。そこをしっかり狙う

やり方

パートナーがカットを打ったら、練習者はカット打ちで返球。パートナーが再びカットしてきたところをドライブでミドルに強打する。

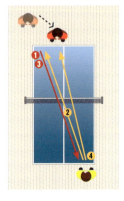

パートナー ❶❸カット
練習者 ❷カット打ち
❹ドライブ

？ なぜ必要？

ミドル攻撃はカットマンにも有効

カットマンだけに限らないが、ミドル攻撃は相手の攻撃を封じる有効な手段。カットの打ちづらいミドルに強打することで有利に展開していこう。

カットマン対策を身につける

カットマンの苦手な展開に持ち込む

ねらい

Menu 051 チャンスボールをストップで返球

難易度 ★★★★
回数 5分×1セット

習得できる技能
▶ 戦術
▶ テクニック

浮いたカットをストップで返す

カットマンを前に引き寄せてミスを誘う

やり方

パートナーは練習者に浮いたカットを打ち、練習者はストップで返球。パートナーが前に出て甘く返してきたところを練習者が強打する。

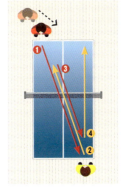

パートナー	❶カット（浮いた球） ❸ストップ
練習者	❷ストップ ❹ドライブ（強打）

❓ なぜ必要？

カットマン対策を徹底する

カットが浮いたとしても、後陣で構えているカットマンにとって、強打されても対応しやすい。攻め急がず、前後へ揺さぶる基本的なカットマン対策を徹底していこう。

 Tactics

攻め急がずにストップを打つ

カットマンとのラリーの中で、相手のカットが少し浮いた場合はチャンスボールとなる。しかし、そこで攻め急がず、ストップを打つのも有効な手段だ。浮いた球に対してスマッシュを打つのもいいのだが、スマッシュはミスの確率も高い。そこで、強打されると思って後ろで構えているカットマンに対して、ストップで前に引き寄せて再び甘い球を打たせる。カットマンとしては前後に動かされるので一番嫌な展開となる。

カットマン対策を身につける

体勢が整う前に攻める

難易度 ★★★☆☆
回数 5分×1セット

習得できる技能
▶ 基本技術
▶ 攻撃力
▶ 守備力
▶ 戦術
▶ フットワーク
▶ テクニック

Menu 052 短いサーブからの3球目攻撃

短いサーブでカットマンを前に引き寄せる

カットマンが後陣に下がる前に3球目攻撃

やり方

練習者はカットマン（パートナー）のフォア前にサーブを出し、パートナーがツッツキで返してきたところを3球目攻撃で強打していく。

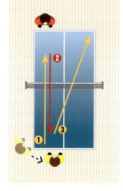

パートナー ❷ツッツキ
練習者 ❶短いサーブ
　　　 ❸ドライブ

❓ なぜ必要？

短いサーブからの展開が有効

カットマン相手には台上で2バウンドするようなサーブから攻める展開がセオリー。台の下に足を踏み込んで対応させることができれば、下がる前に攻めることができる。

Tactics

カットマン相手にロングサーブは✕

中学生くらいの場合、カットマン相手にもロングサーブからはじめる選手をよくみかける。しかし、ロングサーブの打球というのは、すでにカットが打てる後陣に飛んでいくのでカットマンとしては対応しやすい。そのため、台上で2バウンドするような短いサーブを打っておいて、3球目攻撃を仕掛けることで相手にカットを打つ隙を与えない展開が有効だ。もしカットが返ってきても、カット打ちで対応して相手の球が浮いたらストップという展開に持っていこう。

第7章
卓球に必要な動きとフィジカル

卓球台との距離感をつかむための練習や筋力アップのトレーニングなど、卓球に必要なフィジカルを作る練習メニューを紹介していきます。普段の練習がマンネリ化しないためにもオススメです。

卓球に必要な動きとフィジカル

ねらい 台との距離感をつかむ

Menu 053 台まわりトレーニング

難易度 ★☆☆☆☆
回数 10〜15回×3〜5セット

習得できる技能
▶ 基本技術
▶ 攻撃力
▶ 守備力
▶ 戦術
▶ フットワーク
▶ テクニック

フォア側のサポートにタッチして反対側へ

バック側のサポートにタッチしたら再び反対側へ

バック側へは回り込みの動きを意識する

やり方

台の半分を円を描くように移動しながら、ネットのサポートにタッチして往復する。2人1組で行って競わせることでスピードを上げる。

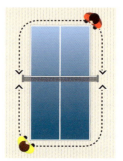

？ なぜ必要？

台との距離感を覚える

レベルが高くなればなるほど、台との距離感は重要な要素となる。こうした練習から台との距離感を体に覚えさせていこう。

台のギリギリを動く

宮﨑義仁の アドバイス

一流の選手であれば、ボールの2バウンド目が台から半分出るかどうかでショットを変えているなど、卓球は台との距離感がとても大切です。それに、もしぶつかって台を動かしてしまったら、相手の得点になってしまいますね。スピードを出しながらも台にぶつからないギリギリのところを動けるように、繰り返し練習していきましょう。私も現役時代は台の角に何度も体を擦りましたが、そうした繰り返しで体が距離感を覚えていくと思います。

できるだけ台との距離を空けずに移動する

左右に動くときは同足のフットワークを使う

ポイント
反応速度のアップ！

台との距離感を体が覚えてくれば、試合の中でも自然と最短距離で回り込めるようになるなど、打球への反応速度も変わってくる。

卓球に必要な動きとフィジカル

ねらい：台の近くで打てるようにする

Menu 054 後ろにフェンスを置いた多球練習

難易度 ★★☆☆☆
回数 30球×3セット

習得できる技能
- 基本技能
- 戦術眼
- 守備力
- ▶ 戦術
- ▶ フットワーク
- テクニック

後ろに下がらないために意識づけのフェンスを置く

やり方

パートナーは多球形式で練習者のフォア側とバック側へ交互に球出しし。練習者はフェンスに当たらないようにフットワークしながら、フォアとバックを交互に打つ。

パートナー ①③多球形式で球出し
練習者 ②フォアドライブ
④バックドライブ

＊初心者はフォアハンド、バックハンドでもOK

？ なぜ必要？

下がってばかりだと相手を追い込めない

台から離れてしまうと打点が落ちて、相手にとって厳しい球にはならない。男子選手に多く見られるが、どうしても下がってしまう選手は、フェンスを後ろに置いて前でプレーする意識づけをしよう。

卓球に必要な動きとフィジカル

ねらい 台から離れて打てるようにする

Menu 055 前にフェンスを置いた多球練習

難易度 ★★★★★
回数 30球×3セット

習得できる技能
▶ 戦術
▶ フットワーク

前にフェンスを置くことで常に下がった位置で打球する

やり方

やり方はMenu054と同じ。前に置いたフェンスに当たらないように、左右にフットワークをしながら、フォアとバックを交互に打つ。

パートナー ❶❸多球形式で球出し
練習者 ❷フォアドライブ
❹バックドライブ
＊初心者はフォアハンド、バックハンドでもOK

なぜ必要?

ラリー力強化と卓球の能力UP

後ろにフェンスを置くのとは逆の狙い。下がってプレーができない選手も多いが、後ろで打つことでラリー力の強化など卓球の能力向上にもつながるので、女子選手も取り入れてみよう。

卓球に必要な動きとフィジカル

ねらい サイドステップの強化

Menu 056 チューブトレーニング

難易度 ★★☆☆☆
回数 30球×3セット

習得できる技能
▶ 基本技術
▶ 攻撃力
▶ 守備力
▶ 戦術
▶ フットワーク
▶ テクニック

練習者は常に両足を開いたままの状態を保つ

フォアハンドで打球する

やり方

パートナーは多球形式でフォア側とバック側の交互に球出し。練習者は両足の足首とヒザの位置にゴムチューブをつけ、大きく動かずにフォアハンドとバックハンドを交互に打つ。トレーニングが目的のため、パートナーは練習者を大きく左右に動かさないように注意。

パートナー ❶フォア側に球出し
　　　　　 ❸バック側に球出し
練習者　　 ❷フォアハンド
　　　　　 ❹バックハンド

? なぜ必要?

サイドステップのスピードアップ

卓球で一番大切な、サイドステップのスピードアップを目的としたトレーニング＆練習。左右のフットワークのスピードアップを図ろう。

床を掴む感覚も身につけられる

宮崎義仁の アドバイス

チューブを使った練習は非常に効果的です。負荷がかかって体幹やインナーの筋力が鍛えられるほか、足を踏ん張る力をつけるためにも効果が高いのです。チューブの力に負けないように、常に足を開こうとすることで、自然と足の指でしっかりと床を掴むような状態になります。卓球はその力が入っていないと威力のある打球が打てません。単に筋力を鍛えるだけではなく、足で床を掴む感覚を身につけるためにも、チューブトレーニングに取り組んでみてください。

バック側への移動も両足は開いたまま

バックハンドで打球する

❗ ポイント
自分に合った負荷で行う

足首とヒザの両方にチューブをつけて（写真右）行うのは負荷が強すぎると感じたら、チューブを足首の1カ所にしたり、多球の球出しをフォアハンドかバックハンドの1コースにしたりするなど、自分に合った負荷に調節して行おう。

負荷が強ければチューブは足首の1本のみでもOK

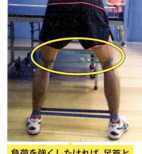

負荷を強くしたければ、足首とヒザにチューブをつけよう

卓球に必要な動きとフィジカル

サイドのフットワーク強化

Menu 057 サイドステップから打球

難易度 ★★★★★
回数 30球×3セット

習得できる技能
▶ フットワーク

バック側に置かれたカゴにタッチする

足が閉じないように注意してフォア側へ

フォアハンドで打球する

やり方

練習者は足にチューブをつけた状態でバック側に置かれたカゴにタッチし、フォア側へのフットワーク後に打球する。パートナーはゆっくりで構わないので、練習者の動きに合わせてフォア側へ球出しをする。

パートナー ❷フォア側に球出し
練習者 ❶カゴにタッチ
　　　 ❸フォアハンド

なぜ必要？

トレーニング＆フットワーク強化

Menu056と同様に、サイドのフットワーク強化が目的となる練習メニュー。足が閉じた状態にならないように注意しながら取り組んでみよう。

卓球に必要な動きとフィジカル

ねらい 大きい動きを体感する

Menu 058 台を2つ使った多球練習

難易度 ★★☆☆☆
回数 30球×3セット

習得できる技能 ▶ フットワーク

右側の台でフォアハンドを打つ

大きな動きで左側の台のバック側へ

左側の台でバックハンドを打つ

やり方

卓球台を2台つけて、パートナーが中央から大きくフォア側、バック側の交互に球出し。練習者は2台分の幅を動きながら、フォアハンドとバックハンドで返球する。

練習者　❷フォアハンド　❹バックハンド
パートナー　❶❸多球形式で大きく球出し

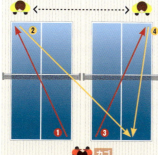

なぜ必要？

大きな動きをイメージ

特に男子選手は後ろに下がった場合など、台の幅を越えて大きく左右に動く場面もあるので、多球練習をしながら大きな動きのイメージをつかんでおこう。

column

リオ五輪で感じたプレースタイルの変化

　リオデジャネイロ五輪を現地で観ていて感じたことがあります。まず、男子シングルスで銅メダルを獲得した水谷隼選手のプレーの変化。バックハンドの打点が早くなっていて、ストレート攻撃が際立っていたこと。すごくプレースタイルが変わりましたね。

　男子選手全体としては、やはりフォアハンドに威力のある選手が強かった。同じ選手同士の試合でも、以前なら前に出て互角に打ち合っていたところ、いまではフォアハンドに威力を出せる選手が少し下がってどんどんと打ち抜いていく。プラスチックボールになって回転とスピードが落ちている中で、大きく振ること、強い球を打つことが大事になってきているように思います。

　女子選手もプレースタイルの男性化が進み、体全体を使った大きなスイングと、大きいラリーというのが目立ちました。それによって、前での打ち合いを得意としていた選手は、現在の卓球では苦戦を強いられる傾向にあります。伊藤美誠選手のように、小さい展開からでも大きなラリーになったら一発で仕留められるような能力が、これからは求められてくるのかもしれません。

　プラスチックボールが導入され、フォアハンドが強いこと、それも体を入れて大きく振れることが重要になってきていると思います。

第8章
練習メニューの組み立て方

この章では、中学校3年間を考えた場合に、どのように目標設定をして練習に取り組めばいいのかなど、練習メニューの組み立て方について紹介していきます。

練習メニューをどう組むか

3年間を通して長期的に考える

　ここでは、中学校入学と同時に卓球をはじめた子が、中学3年生の夏に関東大会や全国大会など、より大きな舞台を目指すことを目標とした、練習メニューの組み立て方についてお話ししていきます。

　部によって練習時間の確保や体育館の使用状況など、環境は異なるとは思いますので、一つの参考としてそれぞれのチームにあったアレンジをしていってください。

　練習メニューを組み立てるときの基本的な考え方としては、中学校3年間を考えた場合、1年目は基本技術の習得に時間を当てること。そして、2年目は1試合でも多く実戦を経験することが大事になってきます。その実戦で得た経験をもとにして、3年目は戦術や相手への対策などを覚えていってください。

1年目① 基本技術の習得に時間を費やす

反復練習でフォームを固める

卓球をはじめたばかりの1年目は、特に試合を意識せずに基礎作りの時間に当ててください。基本を覚えていないうちから試合をしても勝つことは難しいので、なかなか卓球の面白さは感じられないでしょう。まずは、毎月の目標レベル（中学生のロードマップ参照）を達成できるように、フォアハンド・バックハンドからはじめて、ツッツキ、サーブなどと順番に覚えていってください。この時期に大事な練習は、やはり反復練習です。素振りや多球練習、フットワーク練習などで技術の土台を作っていく必要があります。特に素振りは、きれいなフォーム作りのために欠かせません。

例えば野球やゴルフにしても、一流選手のスイングを見てみると、ある程度みな似ていると思います。それは、そのスイングが1つの理想の形だからです。卓球でも理想のスイングというのはあり、どのコースにボールがきてもある程度同じようなフォームでスイングができなければいけません。そのために、初期段階の素振りはとても大切です。卓球のラケットは軽いので、スイングがなかなか固まりづらいのですが、1日1000回は素振りをやる、ラケットを2枚重ねて負荷をかけて素振りをするなどの努力をして、毎日の練習で少しずつフォームを固めていきましょう。

▼ 中学生のロードマップ

	月	レベル	技術	備考
1年生	4月	FH・BHのラリーが各100回以上続く	基本的な体の使い方を理解する。打球練習開始、FH・BH・切り替え	自宅で素振り
	5月	ツッツキが50回以上続く	下回転を理解しツッツキを練習	自宅でサービス練習
	6月	FH・BHドライブが打てる	ドライブ（回転を掛ける）・サーブ・チキータなど一通りの技術も練習	自宅でランニング開始
	7月	動きながら打球することができる	基本フットワーク練習	卓球教本等で勉強
	8月	ゲーム練習ができる	システム練習	夏休み合宿
	9月	ダブルスゲーム練習ができる	それぞれの技術の質を高める練習、課題点の強化を繰り返す	
	10月	市町村大会出場		
	11月			
	12月			年末合宿
	1月			年始合宿
	2月			
	3月			春休み合宿
2年生	春			
	夏	県大会出場		夏休み合宿
	秋	県新人戦上位進出 地区選抜出場		
	冬	全国選抜大会出場		年末年始合宿
3年生	春			春休み合宿
	夏	全中出場		夏休み合宿
	秋			
	冬	高校進学し卓球を継続		年末年始合宿

FH…フォアハンド、BH…バックハンド

1年目② 基礎を身につけながら回転を知る

フットワークにも取り組む

　フォアハンドやバックハンドなどの基本技術を練習しながらも、実戦に向けてフォアとバックの切り返しや飛びつきなど、さまざまなフットワークを身につけていく必要があります。また、フォーム固めの素振りも継続して行ってください。そして、サーブやレシーブなど、試合に必要な技術を少しずつ覚えていきましょう。こうしたサーブやツッツキなどを通じてボールの切り方（回転のかけ方）を覚えていくことが大事です。

　回転は卓球をするうえで、とても重要な要素です。ある程度基礎ができてくれば、使用機会の多いドライブの練習にも取り組んでいく必要があるので、どうすれば回転がかかるのか、回転のかかったボールにはどう対処すればいいのかということについても、理解していく必要があります。

　また、フットワークはフォアハンドを使った１本１本（Menu009）やフォアハンドとバックハンドの２本１本（Menu015）などに取り組んで、自身のフットワークを固めていきましょう。こうしたメニューにしっかりと取り組んでいても、４月から卓球をはじめたとしたら基本を一通りできるようになるには12月くらいまでかかると思います。秋や冬からは少しずつゲーム練習もはじめていきましょう。

≫フットワークを含む主な練習メニュー①

→ P46　Menu 009

フォアの小さいフットワークを身につける

≫フットワークを含む主な練習メニュー②

→ P52　Menu 015

１コースでの切り返しと大きなストローク

＜トレーニングについて＞　卓球技術の向上を優先させる

宮崎義仁の **アドバイス**

　ランニングや腕立てふせといったトレーニングについては、基本的に空いた時間を使って行ってください。いくら100メートルを速く走れても、マラソンがどれだけ速くても、卓球の強さには直結しません。もちろん、トレーニングを行うことは大事ですが、中学生くらいであれば、ボールを打てる時間があるのであれば、まずは技術習得や技術の向上を優先させていきましょう。イメージとしては練習の9割を技術練習に当てて、残りの1割程度に体を整える意味合いでランニングなどを取り入れてください。週に2回くらいランニングをしたり、台を使った練習で交替したときに腕立てふせをしたりといった程度でも十分だと思います。

2年目 試合に出て卓球の経験値を上げる

新たな武器を手に入れる

　ある程度技術が身についてくれば、球出しなども自分たちで行えるようになるので、多球練習でフットワークなどの基本はもちろん、チキータのような難易度の高い技術にも積極的に取り組んでいきましょう。そして、一番大事なのが、どんどん試合の経験を積んでいくことです。卓球では、どんな練習よりも試合で得られる経験値が一番大きい。逆に言えば、試合に出ずに強くなることは難しいと言えるでしょう。たとえ部の公式戦に出られないとしても、他校との練習試合や、チームメイトとのゲーム練習でも構いません。また、地区や市などでは大会が毎週末のように開催されていますので、自分のレベルにあった大会に出てみてください。強くなろうと思ったら、どんどん試合に出ることをオススメします。大会に出て、1回戦負けだったとしても問題はありません。そこで経験した悔しさから、練習を頑張ろうという気持ちになりますし、そのうえで1回勝ったときの喜びを知れば、もっと卓球が楽しくなってくるはずです。

　2年目は練習もゲーム中心になってくるので、空いた時間に基本練習や多球練習をしていく形になります。2年目くらいから取り組むべき技術は、難易度の高いチキータやストップ。これまでツッツキで長く返していたものを短いストップで返せるようにするなど、技術の向上を図っていってください。サーブも1年目はロングサーブしか出せないかもしれませんが、台上で2バウンドするような短いサーブやバックサーブなどにも取り組んでいきましょう。

≫チキータを含む主な練習メニュー
→ P90　Menu 026

チキータの精度を上げる

≫サーブを含む主な練習メニュー
→ P98　Menu 027

サーブの精度を高める

3年目 試合の経験を戦術につなげる

試合経験が豊富な選手は強い

3年目になると、最後の大会が迫ってきます。そこで、2年時に出場した試合の経験を生かして、それを戦術へとつなげていきましょう。卓球にはたくさんの戦型や戦術があります。

例えば、試合に出たはいいが相手がカットマンで対策がわからなかった、では試合になりません。そこで、チーム内のカットマンを相手にカット打ちの練習をしたり、カットマンがいなければ多球練習でカットを打ってもらうなど、より具体的に実戦を想定した練習が必要になってきます。

2年目にたくさんの試合を経験していれば、戦術練習は2年目から行っても構いませんが、試合に出はじめた当初は、なぜそういう展開になったのかまで考えつかないことも多いでしょう。バック側に打ったのに、どうして回り込まれたのか、相手のラバーからどういった対策を取るべきだったのか。あらかじめ戦術を考えるよりも、試合を経験したうえでシステム練習をしていくほうが理解は深まると思います。卓球というスポーツはゲーム性が高いので、とにかく試合が大事です。

また、練習ではできるのに、試合になるとプレッシャーや緊張から打てないショットもあります。それは実戦の中で克服していくしかありません。そうした繰り返しによって、1試合でも多く経験した選手が強くなっていくのです。経験をもとに自分の戦術や相手の対策を考え、夏の大会を迎えられるようにしましょう。

➡ **P104** Menu 029

サーブから
3球目攻撃へつなげる

➡ **P150** Menu 049

強い回転で
カットのミスを誘う

3年間のメニュー作りを考えたあと、1カ月ごとはどうしていくか紹介します。

1カ月 目標回数をやり抜く

徐々に難易度を上げていく

　1カ月単位で練習メニューを組み立てるときに大事なのは、各月の目標（167ページ表参照）に対して、それを1カ月間で何回行うかという目標回数を設定することです。例えば、1カ月で素振りを1万回やるとしたら、1カ月の練習日（右表）のうち、1週間では何回、1日では何回やればいいのかといったように逆算して計画を立てていきましょう。その回数を達成することが、自信にもつながってくると思います。

　また、各月の目標は、徐々に難易度を上げていってください。4月に入った時点ではサーブ練習は難しくてできませんから、最初はフォアハンドやバックハンドの素振りから入って、ラリーが100回以上続くようにすること。それが達成できたら、月の後半はフォアとバックの切り返しをしながら素振りをしてみようといった具合です。

　ただし、素振りの目標回数を達成したとしても、素振りをまったくやらなくなるのではなく、回数を減らして、少し応用を含んだものを取り入れるようにしてください。その繰り返しで、徐々に練習メニューの難易度を上げていきましょう。

　まずは年間の計画を立てて、月ごとの目標を設定する。そして、その目標を達成するための回数を決めるといったように、大きな設定から1カ月、1週間、1日といった具合に落とし込んでいけば、練習計画が立てやすいと思います。

1カ月の練習日（例）

		スケジュール
1日	日	1日練習
2日	月	放課後練習
3日	火	放課後練習
4日	水	休み
5日	木	放課後練習
6日	金	放課後練習
7日	土	1日練習
8日	日	1日練習
9日	月	放課後練習
10日	火	放課後練習
11日	水	休み
12日	木	放課後練習
13日	金	放課後練習
14日	土	練習試合
15日	日	1日練習
16日	月	放課後練習
17日	火	放課後練習
18日	水	休み
19日	木	放課後練習
20日	金	放課後練習
21日	土	1日練習
22日	日	1日練習
23日	月	放課後練習
24日	火	放課後練習
25日	水	休み
26日	木	放課後練習
27日	金	放課後練習
28日	土	1日練習
29日	日	オープン大会参加
30日	月	放課後練習
31日	火	放課後練習

最後に1日のメニューの作り方。放課後の練習、1日練習の2パターンを紹介します。

1日 最後に充実感を持って終わらせる

多球やゲーム練習は終盤に行う

1日ごとの練習メニューの組み立て方は、後半に向けて徐々に体を作っていき、最後にその日の仕上げをするという流れにすることが大切です。

まず、平日の練習メニュー（右表参照）は、ウォーミングアップからはじまって、体を温めるために基本のフォアハンドやバックハンド、ドライブなどを使った乱打や基本練習を行います。これは野球でいうところのキャッチボールにも近いものです。そして、次はフットワーク練習です。前半部分ではこのフットワーク練習が特に大切で、ここでしっかりと汗をかいて筋肉に刺激を入れておきましょう。後半の練習に向けたケガ予防の意味も含んでいます。その後、各自が目的に沿った課題練習とシステム練習を行います。

最後は多球練習かゲーム練習です。この部分を1日の最初にもってきてしまうと、気持ちが入っておらず、体も仕上がっていないので効果的な練習にはならないでしょう。

土日などの1日練習のメニュー（右表参照）も同様の考え方です。午前中は平日練習と同じ流れで行って、午後からは再び体を作って多球練習やゲーム練習を多めに入れて練習を締める。時間があればトレーニングなどを行ってもよいと思います。

私がメニューを組み立てるときに大事にしているのが、選手に充実感を持たせて練習を終わらせることです。多球練習を最後に入れているのも、効果的だからというだけではなく、充実感を持たせるためです。練習の最後にすごく汗をかくようなメニューを入れて、短時間でも追い込んで終わることで、選手には「今日も練習を頑張った」という充実感が生まれます。こうした心理面の工夫が、毎日練習を続けていくうえでプラスになるのではないでしょうか。

▼平日の練習メニュー（例）

平日	スケジュール	内容
	授業	
16:00	ウォーミングアップ	放課後練習開始
	乱打	FH、BH、FD、BD
17:00	基本練習	15分×2セット
	フットワーク練習	2本1本、オール等
18:00	課題練習	台上、サーブレシーブ
	システム練習	飛びつき、回り込み
19:00	多球練習	チキータ等
	クールダウン	練習終了

▼1日練習のメニュー（例）

土日	スケジュール	内容
		自宅でランニング
9:00	ウォーミングアップ	午前練習開始
	乱打	FH、BH、FD、BD
10:00	基本練習	15分×2セット
	フットワーク練習	2本1本、オール等
11:00	課題練習	台上、サーブレシーブ
	システム練習	飛びつき、回り込み
12:00	クールダウン	午前練習終了
	休憩	
13:00		
14:00	ウォーミングアップ	午後練習開始
	乱打	FH、BH、FD、BD
15:00	課題練習	台上、サーブレシーブ
	システム練習	飛びつき、回り込み
16:00	ゲーム練習	ダブルスゲーム等
	エレベーターゲーム等	勝ち抜き戦
17:00	多球練習	30本×3セット×3名
	ウェイトトレーニング	各自の筋量に合わせて
18:00	クールダウン	練習終了
		自宅で試合動画鑑賞

FH…フォアハンド、BH…バックハンド、
FD…フォアハンドドライブ、BD…バックハンドドライブ

column

卓球における「ジュニア育成の大切さ」と「日本の可能性」

　私がナショナルチームの監督に就任したのは2001年のことです。その後、すぐにホープス（小学生以下）のナショナルチームを作り、03年には全国ホープス選抜大会という春の全国大会を新設しました。そして、08年にナショナルトレーニングセンターができてからは、現在へと続くエリートアカデミーが開校されています。

　ナショナルチームの監督というのは本来、世界選手権やオリンピックに出場するようなトップ選手を強化することが目的です。では、なぜ私がそこまでジュニアの育成に目を向けた強化をやってきたかというと、早い段階から選手の育成をしなければ遅いからです。私が監督に就任したころは、そういった育成システムがありませんでしたから、日本の卓球は世界で勝てない時代を迎えていました。卓球は早期専門化スポーツと言われ、子どものころにやるほど成果が出る競技の1つです。ですから、継続して強い選手を育てるためには、トップ選手の強化と同時に4歳や5歳の子どもに目を向けた施策を行っていかなければいけません。

　現在では2028年のオリンピックに向けた育成システムも始まっています。そのとき私は、現在の仕事から離れているかもしれませんが、このシステムを継続していく、また継続していくスタッフがいれば、日本がメダルを取れない大会はなくなってくると思っています。

CONCLUSION
おわりに

　まず、本書を手に取り、最後までお付き合いいただいたことに感謝申し上げます。

　本書のような指導書というのは、本を読んだからといって強くなるわけではありません。本に書かれている内容から、自分が強くなれる部分を探し出すことが重要です。強くなれる部分を見つけて、その内容に深く入り込んでいくことができたでしょうか？　もしできていなければ、その点をもう一度自分に問いただして、読み直していただければ幸いです。すべてのページを見るのではなく、1ページだけでも構いません。そこに書かれた内容に入り込んでみてください。きっと強くなるためのヒントが隠れているはずです。

　最後に、卓球というスポーツを選び、本書を手に取ってくださった方ですから、卓球ファンであることは間違いないかと思います。今後は東京五輪が控えるなど、卓球界はますます盛り上がっていくでしょう。そこで、自身がプレーヤーとして頑張るだけではなく、永く卓球ファンを続けていただければと思います。

宮﨑義仁

著者
宮﨑義仁 みやざき・よしひと

1959年生まれ、長崎県出身。世界選手権やワールドカップでベスト8の成績を残すなどトップ選手として活躍。ソウル五輪ではシングルス・ダブルスに出場した。現役引退後は指導者としても力を発揮し、男子チームの監督を務めた2008年の世界選手権では8年ぶりのメダルとなる銅メダルを獲得。12年のロンドン五輪でも男子日本代表監督を務めた。現在は公益財団法人日本卓球協会の強化本部長を務め、2020年に向けた選手の強化を担っている。

撮影協力

張本智和〈JOCエリートアカデミー〉

福田修也（左）、東 文武〈日本大〉

偉関卓球ランド

デザイン／有限会社ライトハウス
（黄川田洋志、井上菜奈美、藤本麻衣、
山岸美奈子、明日未来）
写　真／菅原淳
編　集／吉井信行
　　　　三上慎之介（ライトハウス）

身になる練習法
卓球　宮﨑義仁式　最先端ドリル

2017年4月20日　第1版第1刷発行

著　者／宮﨑義仁

発　行　人／池田哲雄
発　行　所／株式会社ベースボール・マガジン社
　　　　　〒103-8482
　　　　　東京都中央区日本橋浜町2-61-9　TIE浜町ビル
　　　　　電話　03-5643-3930（販売部）
　　　　　　　　03-5643-3885（出版部）
　　　　　振替　00180-6-46620
　　　　　http://www.sportsclick.jp/
印刷・製本／広研印刷株式会社

©Yoshihito Miyazaki 2017
Printed in Japan
ISBN 978-4-583-11041-7　C2075

＊定価はカバーに表示してあります。
＊本書の文章、写真、図版の無断転載を禁じます。
＊本書を無断で複製する行為（コピー、スキャン、デジタルデータ化など）は、私的使用のための複製など著作権法上の限られた例外を除き、禁じられています。業務上使用する目的で上記行為を行うことは、使用範囲が内部に限られる場合であっても私的使用には該当せず、違法です。また、私的使用に該当する場合であっても、代行業者等の第三者に依頼して上記行為を行うことは違法となります。
＊落丁・乱丁が万一ございましたら、お取り替えいたします。